우물쭈물하지 않고
자신감 있게
말하는법

우물쭈물하지 않고

자신감 있게
말하는법

말버스(임대혁) 지음

유노
북스

나는 자신감 있게 말한다

나의 생각과 감정을 전달하는 데 '말'은 주요 의사소통 도구입니다. 대화를 나누거나, 질문하고 답하거나, 부탁이나 거절을 하거나, 원하는 것을 주문할 때나, 의견을 이야기할 때, 사회를 보거나 면접을 볼 때, 발표를 할 때 등 말의 쓰임은 다양합니다.

편안한 상황에서는 말이 술술 나와도 불편한 사람들 앞에서는 말문이 턱 막힙니다. 이런 상황이 반복되면 점점 자신감이 떨어지고 말하는 데 문제점이 발생하게 됩니다.

'처음 보는 상대나 어색한 상대와 어떻게 말해야 할지 모르겠다.'

'모두가 주목하면 주눅이 들어서 입도 뻥끗 못하겠다.'

'내가 말만 하면 분위기가 지루하고 진지해진다.'

'누군가에게 부탁이나 거절을 못하겠다.'

'발표를 생각하기만 해도 심하게 긴장되고 자신감이 떨어진다.'

'말할 때 이야기가 엉키고 뒤죽박죽이 된다.'

제가 만난 1,000여 명의 사람들이 말하기에 어려움을 느꼈습니다. 사실 10년 전의 저도 말하기에 두려움을 느꼈습니다. 이들의 문제는, 말을 못하는 이유를 자신의 탓으로 돌린 채 스스로를 방치하는 데 있었습니다. 타고난 성격과 자신감이 없는 상태를 핑계 삼아, 노력해도 안 될 거라고 단정한 것이죠.

'자신감 있게 말하는 법'만 알아도 상황은 달라집니다. 방법을 모른 채 실수를 반복하다 보면 누구나 말하는 데 어려움을 느낍니다. 그 어려움을 풀지 않고 외면하면 악순환이 시작됩니다. 실수는 계속 반복되고 자신감은 계속 떨어지고, 결국 자신에게 문제가 있다고 여기게 됩니다.

'그동안 나를 괴롭혀 왔던 말하기 문제를 고칠 수 있을까?' 의문이 드나요? 제가 자신감 있게 답할 수 있습니다.

"네! 고칠 수 있습니다. 당신은 자신감 있게 말할 수 있습니다."

우리는 한 번도 말하기를 어떻게 해야 하는지 제대로 배운 적이 없습니다. 말하기 전 어떤 마음가짐을 가져야 하는지, 어떻게 생각을 정리해야 하는지, 어떻게 처음을 시작해야 하는지, 대화를 할 때는 어떻게 질문하고 답하는지 배운 적이 없습니다.

이 방법들만 알아도 말하기는 훨씬 편안해질 수 있습니다.

과거의 저처럼 말하는 데 두려움을 느끼는 사람들의 어려움에 공감해 제가 직접 경험하고 해결한 수많은 고민과 문제들을 이 책에 담았습니다. 이 책에 담긴 것들만 숙지하고 실천해도 자신감을 얻을 수 있고, 언제 어디서나 주눅 들지 않고 자신감 있게 말할 수 있습니다.

제가 그랬으니까요, 제가 바로 산 증인입니다.

늘 주눅 들어 있고 의기소침하게 말하던 자신감 없던 제가 많은 사람을 돕고 가르치는 '말하기 전문가'가 되기까지 배우고 느끼고 경험한 모든 변화와 노하우를 함께 나누고자 합니다. 이 책이 말하기에 어려움을 가진 수많은 사람의 고민을 해결해 줄 것이라 믿습니다.

'말 좀 잘한다고 뭐가 달라질까? 드라마틱한 변화가 없을 바에 그냥 살아온 대로 살자'라고 생각한다면 큰 오산입니다.

말을 잘하는 사람이 되는 순간, 당신의 삶은 180도 달라집니다. 어떻게 달라질까요? 당신의 말을 듣는 상대의 표정은 더 이상 지루해 보이지 않고, 흥미와 관심으로 가득해집니다. 당신은 무미건조하거나 평범한 사람이 아닌 언제 어디서나 매력적인 사람으로 기억됩니다. 물론, 이성에게도 마찬가지입니다.

언제나 자신감 있는 당신의 모습에 사람들은 호감을 느낄 겁니다. 이제 대화는 스트레스가 아닌 기쁘고 유쾌한 일이 될 겁니다. 발표 제안이 들어오더라도 긴장하지 않고 설레는 마음으로 모든 과정을 즐길 수 있을 겁니다.

새로운 변화에 도전할 때, 다양한 자료를 검색하고 성공 사례를 수집합니다. 그중 나와 비슷하면서 가장 인간미 있고 진정성이 느껴지는 사례를 찾으려고 노력합니다. 내가 공감하고 좋아할 수 있는 성공 사례를 롤 모델 삼아, 도전을 포기하는 일이 없도록 말입니다.

다음으로 그 성공자를 믿고 나아갑니다. 그가 이룬 변화가 언젠가 내게도 찾아올 거라고 기대하면서 말입니다. 나보다 더 큰 변화를 만들어 낸 사람이 있다면, 우리도 그 사례를 믿고 따를 수 있습니다.

여러분, 제가 여러분에게 믿고 의지할 수 있는 존재가 되어 드리겠습니다. 지금부터 제 손 꼭 붙잡고 따라오세요.

!

당신의 말하기 점수는?

자신감 있게 말하고 싶다면 먼저, 나의 말하기 수준이 어느 정도인지 파악해야 합니다. 말하기 수준과 문제점을 알아야 어떤 점을 개선할 수 있는지, 무엇을 보완할 수 있는지가 정확히 보입니다.

그럼 체크 리스트를 통해 나의 말하기 점수를 파악해 볼까요?

- **95~100점:** 저와 함께 강의해 보는 거 어떤가요? 완벽합니다.
- **90~95점:** 좋은 말하기 습관을 가지고 있습니다.
- **80~90점:** 사람들과 소통하는 데 큰 무리가 없고 자신의 문제점이 무엇인지 정확히 알고 있습니다.
- **70~80점:** 평소엔 잘 말하다가도 특정 상황에 처하면 긴장해 말을 잘하지 못하는군요. 스스로 파악하지 못한 문제점이 있을 가능성이 큽니다. 자신을 돌아보고 문제점을 정확히 체크해 보세요.
- **60~70점:** 말하는 데 자신감이 부족하군요. 해야 할 말임에도 위축되어 끝내지 못한 적이 있나요? 오늘부터 당장 말하기에 대한 적극적인 관심이 필요합니다. 천천히 하나씩 바꾼다는 생각으로 연습해 주세요. 말하기는 습관입니다.
- **20~60점:** 평소 의사소통에 큰 문제가 있군요. 말하기 훈련이 시급합니다. 당장 시작하세요. 그러나 걱정하지 마세요. 누구나 잘 말할 수 있습니다. 당신도 예외는 아닙니다.

체크 리스트	매우 그렇다 (1점)	그렇다 (2점)	보통 (3점)	아니다 (4점)	전혀 아니다 (5점)
말하기 전부터 떨리고 걱정된다					
어떤 말로 이야기를 시작해야 할지 모르겠다					
해야 할 말이나 단어가 잘 생각나지 않는다					
말하다 보면 머릿속이 뒤죽박죽된다					
생각한 말이 입 밖으로 나오지 않는다					
어떻게 말을 계속 이어 가야 할지 모르겠다					
단답형으로 짧게 답하는 게 최선이다					
사람들 앞에 서면 횡설수설하게 된다					
구체적인 사례를 덧붙여 설명하는 것이 어렵다					
사람들에게 주목받으면 말이 안 나온다					
나도 내 말을 이해하기 어려울 때가 있다					
말을 시작하면 갑자기 분위기가 가라앉는다					
조리 있게, 논리정연하게 말하지 못한다					
말에 대한 자신감이 없는 편이다					
아무 말이나 무심코 내뱉는다					
말할 때 상대방의 눈치를 본다					
두서없이 황급히 말을 끝내 버린다					
말끝을 흐리면서 말한다					
말하는 도중 삼천포로 빠질 때가 있다					
스스로 말을 잘 못한다고 생각한다					
총 점	(			)점	

차례

1장

왜 입만 열면 떨리는 걸까?

: 자신감을 떨어트리는 요인 파악하기

2장
이제는 제대로 말하고 싶은 당신에게

: 우물쭈물하지 않고 자신감 있게 말하는 법

3장
누구와도 즐겁게 이야기할 수 있다

: 대화가 술술 풀리는 비결

4장
사람들이 경청하는 말하기 기술
: 자신감 있게 발표하는 법

5장
설득력, 전달력, 논리력을 한 번에!
: 토론&회의할 때 유용한 말하기 꿀팁

당신의 말은 더 좋아질 수 있다

: 스피치로 완성되는 당신의 말하기

이것만 실천하면 말하기 고민 끝!

: 자신감이 생기는 7가지 말 습관

왜 입만 열면 떨리는 걸까?

자신감을 떨어트리는
요인 파악하기

"나 자신에 대한 자신감을 잃으면
온 세상이 나의 적이 된다."

랄프 왈도 에머슨

나를 불편하게 만드는
'사람들'

"학창 시절 항상 주눅 들어 있고 눈치도 많이 봤어요. 그런 제가 연예인 생활을 하는 게 쉽지 않았죠. 10년 넘게 방송 생활하면서 혼자 스스로에게 거는 주문이 있습니다. '다 ×밥이다.' 여러분, 저는 여러분이 다 ×밥으로 보여요."

개그우먼 장도연 씨가 한 프로그램에 나와 한 말입니다.

대게 말할 때 주눅 드는 이유는 무엇일까요? 대부분 자신의 부족함 때문이라고 답하겠죠. 자신에게 문제가 있다고 생각할 겁니다. 모든 문제의 원인과 정답을 스스로에게서 찾으려 할 겁니다.

하지만 다른 사람이 원인이라면 어떨까요? 다른 사람을 탓하라는 것이 아닙니다. 문제의 원인을 그들에게로 돌리라는 뜻도 아닙니다. 대신 한 번 떠올려 보면 좋겠습니다. 나도 모르는 사이에 마음속 깊은 곳에 자리 잡은 불편한 사람들을 말입니다. 한두 명쯤 있지 않나요? 괜히 한 번 더 의식하게 되는 사람들 말입니다.

말을 해도 큰 반응이 없고 왠지 나를 무시하는 것 같은 사람, 내 의견에 자주 반박하거나 부정적으로 말하는 사람, 나보다 잘나고 뛰어나 보이는 사람, 나를 평가하듯이 말하는 사람들 때문에 내가 할 말을 다 하지 못하는 것이죠. 이들은 내가 할 말을 신경 쓰기에도 바쁜데, 신경을 완전히 빼앗아 가 버립니다.

장도연 씨는 왜 사람들을 모두 ×밥이라고 표현했을까요? 굳이 왜 가만히 있는 사람들을 하찮은 존재로 만들어 자신을 높이기 위해 노력했을까요? 그들을 신경 쓰지 않기 위함입니다. 나를 불편하게 만드는 사람들을 머릿속에서 지우겠다는 겁니다.

나를 불편하게 만드는 사람을 나보다 못한 존재로 아예 배제해 버린 것이죠. 나를 평가하거나 깔보는 존재가 아닌 내 이야기에 무조건적으로 수긍하고 좋아해 주는 사람으로 만들어 버린 겁니다. '내가 제일 잘나가. 모두 내 말에 재미를 느낄 수밖에 없어. 내가 여기서 제일 웃기거든' 하고 외우는 주문과도 같습니다.

아무도 나를 주눅 들게 만들 수 없다

우리를 주눅 들게 만드는 요소가 과연 말하기 실력 하나뿐인가요? 나를 불편하게 만드는 사람들에게 온 신경을 빼앗겨 나의 부족함에 더 집중했을 가능성이 큽니다. 그들 앞에서 말할 생각만 하면 머릿속이 하얘지고 걱정이 앞섰을 겁니다.

나보다 말을 잘하는 사람을 만나면, 그 앞에서 주눅이 들어 아무 말도 하지 못하고 의식하면 할수록 점점 말하기에 자신감을 잃었을 겁니다. 결국 나보다 말을 잘하는 사람이 어디에나 존재한다는 생각에 지레 위축되고, 이 생각이 꼬리에 꼬리를 물어 악순환을 반복합니다.

자신감 있게 말하는 사람은 모두 완벽할까요? 절대 그렇지 않습니다. 연습량과 노력량은 월등히 많을지 모르지만, 실력은 상대도 되지 않을 만큼 차이가 날 수 있습니다.

자신감 있게 말하는 태도가 중요합니다. 남을 의식하지 않고 당당하게 하고 싶은 말을 하는 겁니다. 자신의 실력을 뽐내는 겁니다. 자신이 가진 능력을 마음껏 발휘하는 것이죠.

100퍼센트를 준비하고도 남들 눈에는 완벽하지 않을 거라 생각해 눈치를 보는 나, 80퍼센트를 준비하고도 떳떳하고 당당하게 말하는 상대 중 누가 더 잘 말한다고 볼 수 있을까요?

말하는 순간만큼은 얼마나 준비돼 있는지는 크게 중요하지 않습니다. 어떤 태도와 자세로 말하는지가 더 중요합니다.

다른 사람이 신경 쓰여 말하기 어려운 상황에 맞닥뜨리면, 마음속으로 '너희들 다 ×밥이다'라고 외쳐 보세요. 내가 여기서 제일 잘나간다고 생각합시다. 당신도 자신감 있게 말할 수 있습니다.

자신감 있게 말하는 KEY POINT

남들을 의식하지 말고 당당하게 하고 싶은 말을 하세요.
얼마나 준비돼 있는지는 크게 중요하지 않습니다.
자신감 있게 말하는 태도가 중요합니다.

나를 작아지게 만드는 '주목'

가수 보아, 아델, 리한나, 개그맨 유재석, 김병만, 배우 신하균, 이종석에겐 공통점이 하나 있습니다. 바로 무대공포증을 겪었다는 사실입니다. 이들 말고도 무대공포증을 극복하기 위해 노력 중인 연예인이 많습니다.

티브이에서는 마냥 스포트라이트를 즐기는 듯 보이고, 아무렇지 않게 활동할 것 같은 연예인들에게도 이런 힘듦이 있다는 사실에 놀라웠습니다. 무대에 오르는 걸 좋아하고 시선을 즐기는 사람들이라고 느꼈으니까요.

연예인도 예외일 수 없습니다. 연예인도 사람이기 때문에 우리가 겪는 어려움을 똑같이 겪습니다. 왜 이 같은 공포감이 생기는 걸까요? 가장 큰 이유 중 하나가 사람들의 '주목'입니다.

불특정 다수에게 주목받는 건 사실 매우 어려운 일입니다. 우호적인 시선이라고 해서 불편하지 않은 건 아닙니다. 설령 그 시선이 따뜻하고 긍정적일지라도 주목받는 입장에서는 한없이 부담스럽습니다. 반대로 부정적이거나 무미건조한 시선이라면 말할 것도 없이 굉장히 불편하고 괴롭습니다. 일거수일투족이 화제가 되고 모두 자신을 지켜본다는 생각에 불편해질 수밖에 없습니다.

주목받을 때의 마음은 어떤 상태일까요? 일상생활에서 흔히 찾아볼 수 있습니다. 예를 들어, 발표할 때가 그렇습니다. 앞으로 나가 발표 자료를 띄워 놓고 수많은 사람의 시선을 한 몸에 받는 내 모습을 떠올려 봅시다. 수많은 시선이 어떻게 느껴지나요?

제가 만난 대부분의 수강생이 공통된 답변을 내놓았습니다. 벌거벗은 채 무방비 상태에 놓인 듯한 부끄러움, 내 생각과 마음을 들킨 것 같은 불편함, 뭔가를 보여 줘야 할 것만 같은 부담감. 충분히 공감되지 않나요? 생각만 해도 가슴이 답답해질 정도로 불편합니다.

왜 사람들에게 주목받으면 이 같은 감정이 느껴질까요? 왜 상대의 시선만으로 불편한 감정이 생길까요? 바로 기대 때문입니다. 나에 대한 기대로부터 파생되는 감정입니다.

저 역시 '나는 왜 사람들의 주목이 두려울까?' 하며 깊이 고민하던 시기가 있었습니다. 제가 불편한 감정을 느끼는 이유는 매우 다양했습니다. 잘하고 싶으니까, 웃겨야 할 것 같으니까, 상황에 맞는 답을 해야 하니까… 그리고 이 이유들 속에서 진짜 답을 찾았습니다.

"내가 사람들에게 보여 주고 싶은 모습이 있구나."

사람들에게 보여 주고 싶은 모습, 스스로 바라고 원하는 모습이 존재한다는 사실을 발견했습니다. 이 기대를 충족시키기 위해 불편한 감정도 느끼고 애썼던 것입니다.

나에게 기대하는 것들에 집중하라

'상대는 나에게 어떤 모습을 바라고 있을까?'
'지금의 나는 어떤 모습이어야 좋을까?'
'사람들이 왜 날 바라보지? 무엇을 기대하지?'

상대의 기대를 충족시켜야 한다는 부담과 실망시키면 안 된다는 생각이 나를 짓누릅니다. 아무 의미 없는 상대의 시선에도 나에게 기대가 있기 때문에 쳐다본다고 생각합니다. 이 같은 착각은 일어나지 않을 일을 상상하게 만듭니다. 그리고 상상은 곧 두려움이 됩니다.

기대하고 소망하는 일들이 오히려 나의 발목을 잡는 꼴이 된 것이죠. 이를 나쁜 쪽으로만 해석하지 않길 바랍니다. 기대하는 사람은 그만큼 간절합니다. 잘하고 싶고, 잘해 내길 바라는 마음 때문에 긴장합니다. 그러니 기대를 부정적인 의미로만 해석해서는 안 됩니다.

긍정적인 의미로 바라보고 받아들여야 합니다. 예를 들어, 공포증을 극복의 대상이 아닌 인정하고 수긍하는 대상으로 받아들이듯 말이죠. 기대에 대한 의미를 올바르게 해석할 수 있어야 합니다. 부정적인 결과를 초래하는 기대가 아닌 긍정적인 결과를 이끌어 낼 수 있는 방향으로 말입니다. 내가 원하는 내가 되기 위한 쪽으로!

자신감 있게 말하는 KEY POINT

왜 사람들에게 주목받으면 불편한 감정이 생길까요? 기대에 대한 의미를 올바르게 해석할 수 있어야 합니다. 기대하는 사람은 그만큼 간절합니다. 잘하고 싶고, 잘해 내길 바라는 마음 때문에 긴장합니다.

말하기가
재미없던 시절

말하는 자체가 싫었습니다. 누군가 나에게 말을 걸까 봐 두려웠고 대화하는 시간이 불편했습니다. 혹시라도 누군가와 대화를 해야 하면 시간이 빨리 지나가길 기다렸고, 혼자 있고 싶은 마음이 강하게 들었습니다. 그때마다 감정적, 체력적 소모가 컸습니다. 말하는 쪽보다 듣는 쪽을 선호했습니다. 말하기 싫어, 듣기를 선택한 것이죠.

주변 사람들이 즐겁게 대화하는 모습을 볼 때마다 '왜 나는 유독 대화가 힘들까' 하는 생각에 스트레스를 받곤 했습니다. 성격을 바꿀 수도 없는데, 평생 스트레스를 받으며 살아야 한다는 생각에 낙담스럽기도 했습니다.

지금은 고민 많던 그때의 제가 충분히 이해됩니다. 스스로 말하기 힘든 상황과 환경을 만들어 놓고 괴로워했었습니다. 그러니 당연히 고민이 많을 수밖에요.

왜 그랬을까요? 지금껏 말하기가 힘들고 재미없던 이유는 재미없는 말하기를 해 왔기 때문입니다. 누군가를 만나고 대화하고 이야기를 나누는 시간이 재미없고 따분하고 힘든 순간으로 가득한 겁니다.

재미는 단순히 웃음이 가득하고 신나는 분위기만을 이야기하지 않습니다. 슬프고, 화나고, 황당한 이야기를 나눴을 때 얼마나 공감을 얻었는지, 발표, 회의, 토론 같은 공식적인 자리에서 말을 할 때 얼마나 성취감을 얻었는지 등등 재미의 모양은 다양합니다.

또 말하기에 몰입된 경험이 있는가도 중요합니다. 단 한 번, 단 한순간이라도 자신의 말에 집중해서 말하기를 즐겨 본 적이 있나요? 없거나 경험이 충분하지 않다면, 말하기에 대한 좋은 경험을 의도적으로 혹은 노력해서 쌓아 나갈 필요가 있습니다.

싫어하던 일이 좋아지는 순간

싫어하다가 좋아하게 된 취미나 관심사가 하나쯤 있을 겁니다. 제게는 독서가 그렇습니다. 책 읽기가 늘 따분하고 재미없고 지루하기만 했습니다. 그때는 책을 많이 읽어야 좋다는 말에 반감을 느꼈습니다. 그러던 어느 날 지인에게 한 권의 책을 추천받았습니다. 추천받을 당시에는 별 감흥이 없었는데, 우연히 서점에 간 날 그 책을 발견했습니다. 그러곤 서점 한 구석에 앉아 다 읽었습니다.

그 순간이 지금까지 제가 재미있게 독서를 할 수 있는 계기가 되었습니다. 어떤 일이든 즐거움을 경험하는 순간이 한 번쯤 필요합니다.

싫어하던 게 좋아하는 것이 될 때는 이런 반전의 순간들이 필요합니다. 반전의 순간은 결코 거창하지 않습니다. 지극히 사소하고 우연한 순간들이 나를 변화시키는 계기가 됩니다.

말하기를 싫어하던 제게도 반전의 순간이 있었습니다. 주변 사람들의 사소한 칭찬과 나만의 해석이 그 계기가 되었습니다.

"은근히 웃기다니까."

"목소리가 정말 근사하다."

거창한 칭찬이 아니어도 괜찮습니다. 내가 싫어하는 걸 좋아하는 것으로 바꿀 수 있는 아주 사소한 순간이어도 괜찮습니다.

누구나 들을 법한 말이라며 그냥 넘기지 말고 긍정적으로 생각해 보세요. 생각으로만 끝나지 말고 진짜 좋은 점으로 만들어 보세요.

지금껏 내가 말하기를 힘들어하고 버거운 상대들과 재미없는 이야기를 지속했던 것은, 말하기의 재미를 경험해 보지도 않고 왜곡된 기억이 나를 사로잡게 내버려 둔 탓이 아닐까요?

싫어지는 데는 다 이유가 있습니다. 이유를 안다고 결과까지 바뀌는 것은 아닙니다. 그러나 싫어할 만한 이유를 만들어 낸 것처럼 이제 좋아할 이유를 만들면 됩니다. 그런 단순한 문제를 가지고 복잡하게 생각하고 고민하며 힘들어할 필요가 없습니다.

말하기를 힘들어하는 자신을 너무 탓하지 마세요. 다 이유가 있어서 그랬던 겁니다.

자신감 있게 말하는 KEY POINT

지금껏 내가 말하기를 힘들어하고 버거운 상대들과 이야기를 지속했던 것은, 경험해 보지도 않고 막연히 걱정하고 힘들어하던 왜곡된 기억이 나를 사로잡게 내버려둔 탓이 아닐까요?

나도 모르게 커진
두려움

오디션 프로그램을 즐겨 보는 이유 중 하나가 참가자들 때문입니다. 가수가 되고 싶다는 일념 하나로, 살아남기 위해 치열하게 경쟁하고 다음 라운드로 진출하기 위해 간절히 준비합니다. 웬만한 드라마보다 몰입도 잘 되고 훨씬 재밌습니다.

〈K팝스타〉에서 심사 위원 박진영 씨가 중요한 무대를 앞두고 있는 참가자에게 한 말이 생각납니다.

"○○ 씨 저랑 같이 트레이닝하면서 했던 것들 기억나죠?"

"네!"

"무대에서 어떻게 하라고 했는지도 기억나죠?"

"네!"

"지금 여기서 그거 다 잊어버리는 거예요. 그냥 무대에서 즐기세요."

무대에 오르기 전 참가자에게 전할 수 있는 조언 중 최고의 조언이었습니다.

박진영 씨의 말 속에 담긴 뜻은 무엇일까요? 열심히 준비하고 연습한 것들을 생각하지 말라는 말이 왜 좋은 조언일까요?

롤러코스터가 무서운 이유는 높은 곳에서 뚝 떨어질 때의 두려움 때문입니다. 빠른 자동차가 무서운 이유는 빨리 달리다가 부딪혀 다칠까 봐 두렵기 때문이죠. 벌레를 무서워하는 사람은 벌레가 내 피부에 닿거나 기어 다닐까 봐 소름 끼쳐 합니다.

상상이 곧 두려움이 됩니다. 만약 상상한 일이 일어난다면 어떻게 될까에 대한 막연한 두려움입니다. 실제로 그런 일은 벌어지지도 않았지만 혹시 모를 상황을 걱정하는 것이죠.

쓸데없는 생각, 지나친 걱정

미리 대비하기 위해 단단히 준비하고 연습하는 것은 매우 훌륭한 모습입니다. 그러나 필요 이상의 과도한 상상은 두려움이 되고, 본래의 모습보다 훨씬 안 좋은 모습을 이끌어 냅니다.

말을 붙이기 어려운 사람에게 느끼는 가장 큰 두려움은, 말하는 상황에 대한 필요 이상의 지나친 상상입니다.

'중간에 말을 더듬으면 어쩌지?'
'말하다가 음이탈이 나면 어쩌지?'
'표정이 굳으면 어떡하지?'
'말할 내용이 생각나지 않으면 어쩌지?'
'당황해서 앞뒤가 뒤죽박죽되면 어쩌지?'

상상만으로도 무서운 이유는, 상상하는 일이 현실이 될 때 얼마나 나를 고통스럽게 만들지 알기 때문입니다.

안타깝지만 상상은 곧잘 현실이 됩니다. 평소 하지 않던 실수가 일어나고, 걱정하던 일이 현실이 됩니다. 그때 정신이 혼미해지면서 잘해 오던 것들조차 와르르 무너집니다.

인간은 상상하는 동물입니다. 상상을 멈춘다는 건 불가능에 가까운 일이죠. 그래서 저는 집중을 선택합니다. 상상하는 것보다 더 큰 생각으로 집중합니다. 지금 내 감정에만 집중하거나, 내 모습에만 집중하거나. 즉, 현재에만 집중합니다.

축제에서 사회를 보다 보면, 초대 가수로 다양한 연예인들을 만납니다. 종종 그들이 무대를 준비하는 대기 상황을 보곤 하죠. 가수마다 무대를 준비하는 방법이 각기 다릅니다.

그중 유독 기억에 남는 가수가 있습니다. 그는 특이하게도 진행 스태프들에게 따로 부탁해 대기실에 전신 거울을 부탁했습니다. 저는 마음속으로 굳이 그렇게까지 해야 하나 생각했습니다.

그 가수는 대기하는 내내 거울을 보며 자아도취적 모습을 보였습니다. 그러곤 무대에 자연스럽게 올라가더군요. 관객의 반응은 폭발적이었습니다. 인지도와 가창력도 한몫했지만, 무대를 즐기는 모습이 정말 매력적이고 멋있었습니다. 긴장하는 모습 하나 없이 여유롭게 즐기는 모습에 관객들도 함께 즐기며 호응했습니다.

그의 무대를 보는 내내 '진정한 프로는 바로 저런 거구나' 하고 생각했습니다. 무대에서 단 한순간도 당황하지 않았고, 불안에 떨지도 않았습니다. 무대 아래에서 거울 속 자신의 모습을 바라보며 자신감 넘치게 흡족한 상태로 무대에 올라갔습니다. 불안한 상상과 쓸데없는 생각이 자신을 괴롭히도록 내버려 두지 않겠다는 의지인 것이죠.

여러분이라면 무대에 올라가기 전, 어떤 것에 집중하고 있을까요? 나도 모르는 사이에 펼쳐지는 상상의 나래 속에서 두려움에 떨고 있진 않을까요? 가장 최선의 모습을 보이고 싶은 순간에 가장 최악의 두려움에 사로잡혀 있진 않을까요?

이제, 쓸데없는 생각 말고 온전히 자신에게만 집중해 봅시다. 박태환 선수가 중요한 경기를 앞두고 음악을 들으며 자신의 마음을 집중시키는 것처럼 말이죠.

상상을 집중으로 바꾸세요. 지금껏 나도 모르게 머릿속으로 하고 있던 수많은 상상을 이제는 멈춰 보세요. 현재 내 말과 행동에 집중해야 합니다. 지금 내가 하는 말이 무엇인지에만 집중하세요.

자신감 있게 말하는 KEY POINT

상상을 집중으로 바꾸세요. 머릿속 수많은 상상을 이제 멈춰 보세요. 현재 내 말과 행동에 집중해야 합니다. 지금 내가 하는 말이 무엇인지에만 집중하세요.

과거의 실수에
묶여 지내는 불편함

'발표' 하면 떠오르는 기억이 있나요? 저는 초등학교 때 친구들에게 비웃음거리가 된 채 식은땀을 뻘뻘 흘리는 모습이 떠오릅니다.

이처럼 실패와 상처로 남겨진 기억은 앞으로 나아갈 의지를 떨어트리고 자신감을 하락시킵니다.

기억은 당시의 경험과 감정에 의해 형성됩니다. 기억의 종류에 따라 단기 기억, 장기 기억, 핵심 기억으로 나뉘고 이 기억들이 한 사람의 인격을 형성합니다.

예를 들어 실패를 경험했을 때, 내가 겪은 상황이 가벼운 해프닝이고 누구나 겪을 법한 일 정도라면 단기 기억이 될 수 있습니다. 쉽게 잊혀질 수 있습니다. 그러나 충격적인 상황을 겪었거나 그때의 감정이 잘 해소되지 못했다면 오래도록 기억에 남아 상처가 되어 고통으로 남습니다. 장기 기억이 될 수 있는 것이죠. 내 인생을 송두리째 흔들 만큼 큰 영향을 미치는 핵심 기억이 될 수 있습니다.

장기 기억과 핵심 기억은 현재의 행동에 영향을 미칩니다. 이 기억들이 나에게 부정적으로 작용한다면, 어떤 일을 시작하기도 전부터 연관된 일을 마주할 때마다 두려움을 느낍니다. 기억이 강렬할수록 극복하는 데 더 큰 힘이 필요합니다.

지금껏 우리가 두려워하고 힘들어한 이유도 기억의 영향이 큽니다. 경험해 봤는데 실패로 끝났고 힘들었던 것이죠. 과거가 내 실력이 형편없다는 사실을 증명했다고 판단해 앞으로 잘할 가능성마저도 차단해 버립니다.

실패한 경험을 극복하려면 어떻게 해야 할까요? 기억을 바꾸는 일은 불가능합니다. 그러나 실패를 대하는 자세는 바꿀 수 있습니다. 장기 기억과 핵심 기억이 나에게 해가 되는 기억이 아니라 같은 실수를 반복하지 않도록 돕는 경험임을 인식하는 것이죠. 어려운 일입니다. 말처럼 쉽지 않죠. 두려움을 기회로 바꾸는 일은 결코 쉽지 않습니다. 큰 용기가 필요한 일이죠. 그러나 결국 내가 선택하는 겁니다.

여기서 반드시 기억해야 할 중요한 사실 한 가지는, 우리는 현재를 살아가는 존재라는 겁니다. 과거의 실패에 얽매여 그에 대한 기억을 지우고 바꾸는 일이 아닌, 현재의 기억을 만들어 내야 합니다.

과거의 내 모습이 나를 힘들게 했다면 그 또한 내 모습이었음을 인정하고 그대로 둬야 합니다. 대신 현재의 나에게 영향을 미치지 못하도록 새로운 기억들을 늘려 나가는 겁니다.

과거에 그랬듯 현재의 나도 못할 거라고 단정 짓는 마음부터 바꿔야 합니다. '나는 원래 그래'와 같은 태도가 아닌 '지금 나는 이래'와 같은 태도여야 한다는 것이죠.

과거의 말 실수가 상처로 남아 있다면

과거의 기억이 현재의 나까지 괴롭게 만든다면 어떻게 해야 할까요? 가장 추천하는 방법은 편안한 상대와 그 일을 재미있게 시작해 보는 겁니다.

여러 사람 앞에서 말하는 일이 어렵다면, 가족 앞에서 연습해 보는 것이죠. 가족이 불편하고 어렵다면 친구들도 좋습니다. 친구들도 어렵게 느껴진다면, 편한 동생들 아니면 아이들과 시작해도 좋습니다.

중요한 것은 많은 사람 앞에서 재미있게 이야기해 보는 경험입니다. 사람들이 많은 곳에서도 즐겁게 말하는 기억을 쌓아 나가면 됩니다. 괜찮아지면 점차 난이도를 높여 나가는 것이죠. 재미없고 힘든 일이 아니라 재미있고 즐거운 기억, 해 볼 만한 경험으로 바꿔 나가 보세요.

학창 시절 발표에 대한 자신감을 높이기 위해 쉬는 시간이 되면 무조건 교탁 앞에 나가 놀았습니다. 수업 시간에 발표할 때는 나에게 두려움을 주는 공간이지만, 쉬는 시간에 놀 때는 친구들과 쉬는 공간이자 어려움이 없는 편안한 공간이라는 인식을 심어 줬습니다. 이처럼 나에게 두려움을 주는 공간을 편하게 받아들일 수 있도록 노력해야 합니다. 좋은 기억이 나쁜 기억을 덮을 수 있도록 재미있게 말입니다.

자신감을 상실하게 만든 대상을 찾아가 행복한 기억을 만들어 주세요. 편안한 상대에게 미리 동의를 구하고 함께 말하기를 연습해 보세요. '나에게 용기가 필요해. 긴장되지만, 내 말에 호응해 주고 힘을 줘'라고 말입니다. 두려움을 아름다운 기억으로 바꿀 기회를 놓치지 맙시다.

자신감 있게 말하는 KEY POINT

과거에 그랬듯 현재의 나도 못할 것이라고 단정 짓는 마음부터 바꿔야 합니다. 자신감을 상실하게 만든 대상을 찾아가 행복한 기억을 만들어 주세요. 좋은 기억이 나쁜 기억을 덮을 수 있도록 말입니다.

말하기가 어려웠던
진짜 이유

유독 말하는 데 어려움을 느끼는 이유는 무엇일까요?

말만 하려고 하면 자신감이 떨어지는 이유는 무엇일까요?

10년 넘게 강의를 진행하며 다양한 수강생들을 지켜본 결과 한 가지 사실을 깨달았습니다. 변화하고자 마음먹은 사람은 누구나 말을 잘할 수 있다는 사실입니다. 자신의 문제점을 정확히 알면 알수록 더 빠르고 확실한 변화를 이끌어 냈습니다.

말하기가 어려운 진짜 이유는 바로 자신에 대한 이해가 부족하기 때문입니다. 자신의 말에 대한 객관적인 이해가 부족한 것입니다.

말하기에 있어 무엇이 문제이고 어떤 것을 개선해야 하는지를 파악하지 못한 것이죠. 그러다 보니 말하기가 개선될 여지가 보이지 않고 문제를 반복되다 보니 자신감을 잃는 악순환이 끊이지 않는 겁니다.

객관적인 이해가 있다고 해서 당장 말을 잘할 수 있는 것은 아닙니다. 게임을 못하는 사람이 프로 선수들의 게임 스타일을 분석하고 자신의 단점을 객관적으로 이해한다고 해서 실력이 일취월장할 수는 없듯이 말이죠. 그러나 자신의 문제점을 알면 노출되지 않도록 노력할 수는 있습니다. 바로 이 자세가 말하기 실력이 좋아지기 위한 첫 시작입니다.

또 하나 기억할 사실은 말하기 훈련에는 최소 기간이 필요하다는 겁니다. 최소 2~3개월 정도는 투자해야 합니다. 짧게는 10년에서 길게는 40년 이상 길들여진 습관을 바꾸는 일은 결코 쉽지 않습니다. 1~2주에는 변화의 맛 정도는 볼 수 있습니다. 완벽한 변화를 원한다면 2개월 이상 꾸준히 연습해야 합니다. 이 책을 펴서 읽고 있다면, 최소한 2개월은 투자해 실천할 것을 당부합니다.

연습할 때는 다른 것 신경 쓰지 말고, 집중하고 싶은 한 가지에만 몰두하세요. 사람들과 대화할 때 목소리를 키우고 자신감 있게 말하고 싶다면, 그것 하나에만 몰두하는 겁니다. 다른 것은 신경 쓰지 않아도 괜찮습니다. 하나씩 고쳐 보자는 마음으로 가야 합니다. 한 번에 많은 것을 바꾸려 하다 보면 무엇 하나도 제대로 바꾸지 못하고 오히려 자신감만 떨어지는 역효과를 불러옵니다.

노력의 기준은 어색함입니다. 어색함이 풀리고 자연스러워지면 다음으로 넘어가면 됩니다. 부정적인 생각은 절대 금물입니다. '당연한 이야 기잖아. 누가 몰라?', '머리로는 알겠는데 몸이 따라 주지 않으니 문제지' 와 같은 핑계는 대지 말고 꾸준히 실천해 보세요.

단계별로 변화를 인지하고 파악하라

변화의 정도를 확인할 수 있는 단계별 발전 코스가 있습니다. 이를 참고해 나의 변화를 단계별로 체크해 보시길 바랍니다.

1단계, 의식하기 위해 노력한다

좋지 않은 버릇들을 자꾸 의식하게 됩니다. 신경이 쓰이기 시작하고 거슬리기까지 합니다. 관심이 있기 때문에 신경을 쓰는 겁니다. 티브이를 볼 때도 평소와 달리 내 말하기랑 비교해 보고 한 번 더 점검하게 됩니다. 친구들과 대화를 나누다가도 괜히 말하기를 주의 깊게 관찰하게 됩니다. 변화가 시작된 겁니다.

2단계, 문제를 깨닫는다

잘못된 점들이 보이기 시작합니다. 말하면서 자신의 문제점을 바로 확인하는 것이죠. 이때부터 확실한 자가 진단으로 문제점을 파악해 나갑니다. 들리는 것은 자세할수록 좋습니다. 큰 범위로 해석하지 말고 세부적으로 분석해 보세요.

3단계, 다른 사람의 말을 관찰한다

다른 사람의 문제점을 체크할 수 있는 수준이 된다는 것은 모방이 가능한 정도의 관찰력이 생겼다는 말입니다. 관찰력은 한 번에 나오지 않습니다. 관심을 갖고 자주 듣고 보고 지식을 채웠을 때 가능합니다. 마음껏 관찰하세요. 좋은 장점을 가진 사람들을 모방하세요. 좋은 점을 따라하고 연습하는 노력만으로도 폭풍 성장을 경험할 시기입니다.

4단계, 자신감이 생긴다

자기 만족감이 올라가고 자신에 대한 강한 믿음이 생깁니다. 그러나 자신감이 생겼다고 완벽한 변화를 이룬 것은 결코 아닙니다. 그럼에도 이 순간만큼은 자신의 발전에 도취되어도 좋습니다. 4단계까지 온 자신을 칭찬해 주세요.

5단계, 주변으로부터 칭찬을 받는다

변화를 직접 실감할 수 있는 단계입니다. '예전과 달라졌다', '목소리가 커졌다', '자신감이 생겼다', '말을 잘한다', '분위기가 좋아졌다' 등등 다양한 칭찬을 듣습니다.

마지막, 유지 보수해 나간다

우리가 즐기고 사용하는 실생활의 모든 편리는 한 번에 완성되지 않습니다. 말하기도 마찬가지입니다. 계속해서 유지 보수해 나가는 과정이 필요합니다.

변화됐다고 다 끝난 것이 아닙니다. 언제든 예전의 모습으로 돌아갈 기미가 보일 겁니다. 변화된 모습보다는 과거 모습이 더 익숙하기 때문이죠.

문득 '앞으로 이토록 불편하게 신경을 쓰면서 말해야 하나?'라는 생각이 들지도 모르겠습니다. 시작은 불편하고 어색하지만 반복하다 보면 어느 순간 익숙함과 자연스러움이 찾아옵니다. 포기하지 말고 나의 멋진 변화가 자연스러워질 그날을 기대하며 파이팅!

자신감 있게 말하는 KEY POINT

하나씩 고쳐 보자는 마음으로 가야 합니다. 한 번에 많은 것을 바꾸려다 보면 무엇 하나도 제대로 바꾸지 못하고 오히려 자신감만 떨어지는 역효과를 불러옵니다.

자신감 있게 말하는 법
1

◆ 나를 불편하게 만드는 사람들의 존재에 휘둘리지 않도록 노력하라. 얼마나 준비됐는지보다 자신감 있게 말하는 태도가 더 중요하다.

◆ 사람들에게 주목받는 일을 긍정적으로 해석하라. 나를 작아지게 만드는 주목이 아닌 나를 커지게 만드는 주목이 되게 하라.

◆ 부정적인 감정에 사로잡히지 말고 말과 관련된 안 좋은 기억을 좋은 기억으로 대체하라.

◆ 머릿속 상상을 멈춰라. 현재 내가 무슨 말을 해야 할지에만 집중하라.

◆ 말에 대한 과거의 상처를 되돌아봐라. 더 이상 과거에 얽매여 지내지 말고 자신감 있게 말하라.

◆ 나를 알아가고 이해하는 과정을 가져라. 말하기뿐만 아니라 인생 전체의 성장과 발전을 도모해 나가라.

2장

이제는 제대로 말하고 싶은 당신에게

우물쭈물하지 않고
자신감 있게 말하는 법

"'할 수 있다'고 말하다 보면, 결국 해내게 된다."

사이먼 쿠퍼

타인의 시선으로부터
자유로워지기
신경 끄기의 기술

남띵 이즈 낫띵(NAM think is nothing). 남의 생각은 아무것도 아닙니다. 남보다 자신을 먼저 생각하세요. 다른 사람에 대한 생각을 멈춰야 나의 이야기를 자신감 있게 시작할 수 있습니다.

"저도 사실 어렸을 적엔 많이 눈치 보면서 연예인 생활했어요. 방송국 화장실에서 울기도 했습니다."

밝고 유쾌한 말솜씨로 예능 프로그램을 종횡무진하며 많은 사람에게 사랑받고 있는 방송인 황광희 씨의 말입니다. 겉보기엔 사람들 앞에 나서기 좋아하고 모든 상황을 즐기는 듯 보이지만, 그의 예능 속 캐릭터를 향한 질타 섞인 목소리가 분명 그에게도 스트레스였을 겁니다.

지금도 그에게 어려움은 있겠지만 전보다 단단하고 자신감 있어 보입니다. 남들 눈치 보기 바빴던 과거의 자신을 뒤로 하고, 현재는 있는 그대로의 자신을 좋아해 주는 사람들에게 집중해 활동하기 때문이 아닐까 생각해 봅니다.

주변 사람들의 반응에 너무 연연할 필요 없다

말할 때 왜 주눅이 들까요? 실패에 대한 막연한 두려움 때문입니다.

'이렇게 말하면 한 소리 듣겠지?'
'나를 별나게 생각하지 않을까?'
'내가 말한 뒤에 분위기가 썰렁해지면 어떡하지?'

온갖 일어나지도 않을 일에 미리 겁을 먹고, 몸을 움츠러트립니다. 괜히 나를 안 좋게 생각할까 봐 두려운 것이죠. 괜히 나를 재미없고 고리타분한 사람으로 여길까 봐 두려운 겁니다. 그러나 누군가는 나의 말에 귀를 기울입니다. 지금 당장 아무도 없다 해도 괜찮습니다.

학창 시절 줄기차게 아재 개그를 던지는 친구가 있었습니다. 대부분 그의 개그에 크게 호응하지 않았습니다. 하지만 그는 주변 사람들의 반응에 아랑곳하지 않고 열심히 아재 개그를 던졌습니다. 포기를 모르던 친구의 아재 개그는 시간이 지나 사람들이 웃음을 터트리게 했습니다. 지금 저와 여러 지인은 그의 아재 개그를 좋아하는 팬이 되었습니다. 가끔 천재가 아닌가 싶을 정도로 감탄을 자아냅니다.

누군가는 '그 친구가 원래 웃겼나 보지', '난 아재 개그 100번 들어도 재미없을 거 같은데?', '재미없는 개그 계속 들으면 사람들이 스트레스 받지 않을까?' 하고 생각할지도 모르겠습니다. 하지만 이 같은 생각은 중요하지 않습니다. 내가 무엇을 하고 싶은지, 무엇을 말하고 싶은지가 훨씬 중요합니다.

내 인생의 주인공은 나 한 사람입니다. 혹시 주인공이 아닌 다른 사람을 의식하며 말하지 않을 핑계만 대고 있지는 않나요? 몇 번 도전해 보지도 않고 다른 사람을 신경 쓰다가 중간에 포기한 건 아닌가요? 그럼 원하는 바를 이룰 수도 없고, 전달하고 싶은 말도 당신의 진심도 전할 수 없습니다. 단 한 순간이라도 타인을 의식하는 생각의 스위치를 끄고 말해 보세요.

말할 때 모든 사람이 내 편일 이유는 없습니다. 나와 같은 생각을 만들기 위해 애쓸 필요도 전혀 없습니다. 그러니 내가 말하는 순간, 모두가 내 편이 되길 바라는 기대를 버립시다. 설사 모두 내 의견에 반대해도 좋습니다. 당신은 그저 당신의 말에 집중하기만 하면 됩니다.

자신의 말하기에만 집중해 보세요. 자신에게 100퍼센트 집중할 때 내 편이 생깁니다. 그렇게 내 편이 되어 준 사람들을 배려하고 공감하는 말들을 늘려 가다 보면, 너무 애쓰지 않아도 내 말에 귀를 기울이는 사람들이 자연스럽게 생겨납니다. 그러니 온전히 자신에게만 집중하세요.

자신감 있게 말하는 KEY POINT

다른 사람을 의식하는 생각의 스위치를 끄고 말해 보세요.

모든 사람이 내 말을 경청해야 할 이유는 없습니다.

나와 같은 생각을 만들기 위해 애쓸 필요는 더더욱 없습니다.

'이게 뭐라고~' 편하게 생각하기

내려놓기

인터넷으로 옷을 살 때 늘 많은 시간이 소요됩니다. 못해도 옷 하나에 30분 이상 소요됩니다. 원하는 디자인의 옷 중 더 저렴한 곳은 없는지, 옷감에 차이는 없는지, 리뷰는 어떤지 그리고 현재 가지고 있는 옷들과 잘 어울리는지 등을 모두 고려한 후에 옷을 구매합니다.

문제는 엄청난 숙고 끝에 산 옷임에도 마음에 들지 않는다는 겁니다. 길거리에서 아무거나 샀어도 이보다는 괜찮지 않았을까 싶을 정도로 후회스러울 때도 있습니다.

말을 잘하기 위해 오랜 시간 심사숙고할 때가 있습니다. 그런데 원래 의도와 다르게 말이 나온다거나 생각이 너무 많아 말을 버벅거리는 상황이 발생합니다. 당장 머릿속에 떠오르는 것을 이야기하는 것만 못하다거나 그보다 못한 결과를 초래할 때도 있습니다.

무엇이 문제일까요? 오랜 시간 고민한 것이 문제일까요? 노력이 헛된 것일까요? 그렇지 않습니다. 좋은 선택을 하기 위해 노력한 것입니다.

다만, 좋은 선택을 위한 마음이 도리어 좋지 않은 결과를 만들 수 있다는 걸 주의해야 합니다. 말을 잘하려고 하다 보면 나도 모르게 평소 사용하지 않는 어려운 단어나 불필요한 문장이 섞이고, 목소리에 힘이 들어갑니다. 말은 점점 더 부자연스러워지고 딱딱해집니다. 잘하려는 긍정의 마음이 과해 오히려 부정적인 결과를 초래하는 것이죠.

'시험 날 잘하자'는 마음속 부담이 클수록 아는 것을 까먹는 등 어이없는 실수를 반복합니다. 운동선수가 시합 날 실력을 제대로 발휘하지 못하듯 말입니다. 말하기도 마찬가지입니다.

너무 잘하고 싶은 마음을 내려놓아야 합니다. 잘해야 한다는 마음, 최선을 다해야 한다는 마음이 아닌 생각나는 대로 말해 보자는 마음으로 말하는 겁니다. 당연하지만 그래서 더 쉽게 간과되는 태도이자 마인드입니다.

너무 잘 말하고 싶은 마음 내려놓기

예능 프로그램 〈유 퀴즈 온 더 블록〉의 방탄소년단 편을 보던 중 마음에 꽂히는 한 문장이 있었습니다.

"그므시라꼬~"

뷔의 아버지가 멤버들에게 해 준 말이라고 합니다. 힘내라는 응원의 메시지도 아니었고, 노력해서 목표를 이루라는 동기부여도 아니었습니다. '이게 뭐라고~' 무슨 일에든 크게 연연하지 말라는 말이었습니다.

우리의 말하는 자세 또한 이 같은 태도여야 합니다. 말하기가 힘들 때 나를 더욱 단단하게 만들고 잘 컨트롤할 수 있는 힘은, 나를 다그치는 것이 아닌 있는 그대로 내버려 두는 것입니다.

여러분은 말할 때 무엇에 힘을 꽉 주고 있나요? 무엇이 그토록 긴장되게 만드나요?

대부분 '잘' 하고 싶은 마음이 주된 원인일 겁니다. 사람은 누구나 잘 보이고 싶은 마음이 존재합니다. 그래서 잘 보여야 하고, 잘 말해야 하고, 잘 설명해야 하고, 잘 정리해야 한다는 부담감과 긴장감에 사로잡히는 것이죠.

그러면 마음이 조급해집니다. 말하기도 바쁜데 잘해야 한다는 욕심까지 충족시켜야 하니 마음이 더 초조해집니다. 결국 생각은 뒤죽박죽이 되고, 말도 제대로 하지 못합니다. 완벽을 추구하는 성격이라면 더욱 심할 겁니다. 그때마다 마음속으로 생각하세요.

'이게 뭐라고~'

말을 잘하려면 나에게 온전히 집중해야 합니다. 나를 부정하고 의심하고 다그치지 말고, 잘하자는 말로 부담도 주지 말고, 내가 하고 싶은 말을 할 수 있게끔 내버려 두는 겁니다. 나를 있는 모습 그대로 내버려 둬야 합니다.

잘해야 한다가 아니라 '이게 뭐라고~' 여기는 겁니다. 내 식대로 하는 겁니다. 지금 당장 모두가 기대하는 말솜씨를 구사하지 못하더라도 괜찮습니다. 나중에라도 기술로 쌓아 가면 되는 것이고, 우선은 하고 싶은 말들을 있는 그대로 꺼내 봐야 합니다.

누구나 말을 잘하고 싶어 합니다. 사람들에게 말을 잘하는 사람으로 비춰지기를 원하죠. 그래서 때론 나의 한계를 탓하고 원망합니다. 하지만 내가 정해 놓은 말하기 기준에 나를 몰아세워 자신감을 떨어트리지 마세요. '이게 뭐라고~'라고 나에게 말해 주세요.

자신감 있게 말하는 KEY POINT

너무 잘하고 싶은 마음을 내려놓아야 합니다. 최선을 다해야 한다는 마음을 내려놓고 일단 말해 보자는 태도를 가지세요. 잘해야 한다고 스스로를 너무 다그치지 말고 있는 그대로 말할 수 있도록 나를 내버려 두세요.

나를 믿고
자신감 있게 말하기
어디서나 당당하게

자신감이 생길 수 있는 가장 쉽고 확실한 방법을 소개합니다. 종이와 펜을 준비하세요. 핸드폰 메모장을 펼쳐도 좋습니다. 지금부터 스스로를 꾸밈없이 솔직하게 작성해 보기로 약속합니다.

(1) 내가 생각하는 나의 모습을 구체적으로 적어 보기

최대한 많이 적어 보세요. 성격, 평소 감정 상태, 습관, 좋아하는 것, 싫어하는 것, 잘하는 것, 못하는 것, 친구로서의 나, 사회인으로서의 나, 가족으로서의 나 등을 말입니다.

만약 어렵다면 한 번에 작성하려 하지 말고 생각날 때마다 적으면서 일주일의 시간을 두고 여유롭게 작성해 보세요. 대신 에이포 용지 한 장을 가득 채운다는 생각으로 적어야 합니다. 가능한 많이 적어 보세요.

(2) 주변 지인들에게 나는 어떤 사람인지 물어보기

일단 말해 주는 대로 받아 적으면 됩니다. 구체적으로 하나씩 물어도 좋습니다. 왜 그렇게 생각하는지 묻고 이유도 적어 놓으세요. 칭찬, 조언 모두 적어야 합니다. 괜히 기분 상할 필요 없습니다. 사람마다 나에 대한 생각이 다를 수 있습니다. 나를 객관적으로 바라보는 도구로 사용하면 됩니다. 그러나 다른 사람에게 나에 대한 주관적인 이야기를 듣는 일이 익숙하지 않을 수는 있습니다.

(3) 내 생각과 지인들의 리스트를 종합해 정리하기

좋은 점은 빨간색으로 표시하고 나쁜 점은 검정색으로 표시합니다. 공통된 리스트는 동그라미로 표시하고, 엇갈리는 리스트는 세모로 표시해 주세요.

나는 남을 신경 쓰는 편이라고 여겼는데 사람들은 내가 남을 신경 쓰지 않는 편이라고 여기거나, 스스로 표현이 많은 사람인 줄 알았는데 사람들은 표현이 없다고 말했나요? 아니면 그 반대인가요? 아마 이 같은 차이가 적지 않게 보일 겁니다. 사실 저는 제가 유머러스한 사람이라고 생각했는데, 사람들은 저를 진지하다고 여겨 적잖이 놀랐습니다. 지인들의 주관적인 생각이지만, 공통된 의견이 많다면 객관적인 의견으로 볼 수 있습니다.

어떤가요? 내가 생각하는 모습과 다른 사람이 바라보는 나의 모습이 많이 다른가요? 아니면 비슷한가요? 이를 통해 발견할 수 있는 사실은 나와 상대의 입장 차이입니다. 어떤 입장인가에 따라 해석이 같을 수도 다를 수도 있습니다. 이를 인정하고 극대화하는 것이 목적입니다.

상대가 말해 준 내 모습 중 의외의 칭찬에 자신감을 얻을 수도 있고, 내가 알지 못한 장점을 발견함으로써 새로운 길을 찾을 수도 있습니다. 예를 들어, 설명을 잘한다고 칭찬받았다면 이 장점을 극대화하기 위해 노력해 봅시다. 평소 어떤 방식으로 설명하는지 생각해 보고 다양한 상황에 적용함으로써 그동안 인지하지 못했던 장점을 적극적으로 활용해 보는 겁니다.

장점도 발휘하지 않으면 아무런 쓸모가 없습니다. 효용 가치를 늘려 나가야 합니다. 자주 사용해야 쓸모를 높일 수 있습니다.

장점도, 단점도 모두 저마다 쓸모가 있다

차분함을 장점이라고 여긴다면, 차분하게 말할 수 있는 상황을 늘려가는 겁니다. 고민 상담을 할 때 차분하게 이야기해 주세요. 의견을 조율할 때 차분하게 상황을 정리해 주세요. 그 외에도 차분하게 대화를 이끌어 가며 분위기를 편하게 만들어 보세요. 여기서 오는 만족감이 자신감을 높여 줍니다. 그러나 차분함을 단점이라고 생각할 수도 있습니다. 그래서 말할 때 대화의 분위기가 자칫 지루해질 수도 있습니다.

허나 이는 선택의 문제입니다.

목소리가 파이팅 넘치는 사람은, 발표를 잘할 수 있고 사람들에게 긍정의 기운을 불어넣어 줄 수 있지만 반대로 누군가에게는 시끄럽게 느껴질 수 있고 다른 누군가에게는 불편을 끼칠 수도 있습니다. 중저음의 목소리를 가진 사람도, 그 목소리 자체를 좋아하는 사람이 있는 반면에 지루하고 따분해서 싫다는 사람도 있을 겁니다.

목소리뿐만 아니라 큰 키 역시, 누군가에겐 자신감의 근거가 될 수 있고 누군가에겐 콤플렉스로 작용할 수 있습니다. 활기찬 오후 2시의 라디오를 찾는 사람이 있고, 차분한 새벽 2시의 라디오를 찾아 듣는 사람이 있습니다.

즉, 어떤 모습이든 장점으로 승화할지 단점으로 받아들일지는 선택의 문제입니다. 정답은 없습니다. 굳이 정답을 찾자면 내가 선택하는 것이 답이겠죠. 결국, 자신감은 나를 어떻게 바라볼 것인가에 대한 선택의 문제입니다.

고쳐야 할 단점을 애써 장점으로 승화시키는 일은 무리가 될 수 있습니다. 그러나 나의 문제를 발견한다는 것은 나를 정확히 파악해 나가는 과정이기 때문에 미리 겁먹을 필요는 없습니다. 알고 있는 것과 모르는 것은 엄청난 차이가 있습니다.

자신을 객관화해 스스로의 문제를 찾아내고, 어떻게 해석할 것인지를 선택하는 일은 매우 중요합니다. 단점을 인식해 장점으로 승화시키는 노력이 필요합니다. 장점이 장점으로 비춰지는 것보다 단점이 장점으로 변하는 순간 자신감이 더욱 높아집니다. 나의 존재 자체가 있는 그대로 인정받는 일이기 때문입니다.

단, 합리화는 절대 안 됩니다. 합리화와 장점화의 차이는 단순합니다. 근거가 있으면 장점화이지만, 핑계만 있다면 합리화입니다. 같은 말일지라도 확실히 다릅니다.

A: "저는 성격이 매우 느려요. 일 하나를 처리하더라도 깊게 생각합니다. 덕분에 실수가 없습니다. 느림이 단점으로 비춰질 수 있지만 실수 없이 정확히 일을 처리하는 데 원동력이 됩니다."

B: "저는 성격이 매우 느려요. 그래서 일을 처리하는 속도가 더딥니다. 하지만 다른 사람들도 일처리가 그렇게 빠르지는 않습니다."

속도가 느린 것은 괜찮아도 노력하지 않는 것은 괜찮을 수 없습니다. 핑계가 아닌 확실한 근거를 찾으세요. 말하기에 정답은 없습니다. 어떤 결과로 마무리될지는 말하는 당신의 태도에 달려 있습니다.

말하기와 자기효능감 사이의 상관관계

단점을 개선해 나가는 일은 자기효능감을 높여 줍니다. 자기효능감이란 자신감과 같이 해석되는데, 자신의 능력으로 문제를 해결할 수 있다고 믿는 기대감을 나타냅니다. 나에게 닥친 문제를 스스로 해결할 수 있는 책임감의 크기는 자신감의 크기와 비례합니다. 자신의 힘으로 불가능을 가능으로 바꿔 나가는 경험이 필요합니다.

초등학교 4학년 국어 시간에 선생님은 제게 일어나 교과서의 한 페이지를 읽으라고 했습니다. 당시 저는 주목받는 일이 너무 무서웠기에 눈앞이 캄캄해졌습니다. 읽는 내내 말을 더듬거리며 어렵게 어렵게 책을 다 읽었습니다. 이후 자리에 앉는 제게 선생님은 "책을 읽으면서 말을 연습하라"고 말하셨습니다. 수업이 끝나고 저는 조용히 엎드려 남몰래 눈물을 흘렸습니다. 친구들 앞에서 너무 창피했습니다. 선생님이 원망스러웠습니다.

다시는 망신을 당하고 싶지 않아서 선생님의 조언대로 책을 소리 내어 읽기 시작했습니다. 처음에는 조용히 소리 내어 읽기 시작했습니다. 그 다음부터는 손에 잡히는 책은 무엇이든 소리 내어 읽었습니다. 처음엔 더듬거리고 서툴렀지만 갈수록 괜찮아졌습니다. 나름대로 요령이 생겼고, 읽는 속도도 점차 빨라졌습니다.

자신감이 붙자 주변 건물의 간판이나 현수막 등 보이는 건 모두 다 소리 내어 읽었습니다. 다이나믹듀오의 래퍼 개코가 이런 식으로 발음 연습을 했다고 하죠. 정말 도움이 많이 되는 훈련이었습니다. 어려운 단어가 포함된 책을 읽을 때면 실력이 더욱 급속도로 좋아졌습니다. 자연스럽게 발음 연습이 된 것이죠. 어느덧 소리 내어 읽는 데 재미가 붙을 정도로 자신감이 생겼습니다. 자신감이 생긴 후로는 국어 시간만 되면 선생님이 이름을 호명해 주길, 일어나 교과서를 읽어 보라고 말해 주길 기대하게 되었습니다. 훗날 그때의 기억은 성우라는 꿈에 도전하는 데도 큰 용기를 줬습니다. 상처가 될 뻔한 기억이 자신감을 얻는 계기가 된 것이죠.

말을 고쳐 나가는 과정에서 가장 중요한 것은 마음가짐의 변화입니다. 불가능이 아닌 가능성을 향해 한 발 전진하는 믿음 말입니다. 그러나 처음에는 쉬운 것부터 도전해야 합니다. 그래야 자기효능감이 올라가고, 그 기대감이 나를 단단하고 멋진 사람으로 만들어 줄 테니까요.

자신감 있게 말하는 KEY POINT

속도가 느린 것은 괜찮아도 노력하지 않는 것은 괜찮을 수 없습니다. 핑계가 아닌 확실한 근거를 찾으세요. 말하기에 정답은 없습니다. 어떤 결과로 마무리될지는 말하는 당신의 태도에 달려 있습니다.

내가 좋아하는 것에 집중하기

관심 집중 훈련

어렸을 적부터 로봇을 좋아했습니다. 지금도 로봇을 가지고 놀 때면 신이 납니다. 우리는 좋아하는 것을 할 때 신이 나고 열정이 샘솟습니다. 또 좋아하는 것을 성취하기 위해 더 열심히 노력합니다.

호랑이를 무서워하는 사람은 호랑이를 잡을 수 없습니다. 꼭 잡아야 한다면 어떻게 해야 할까요? 호랑이 굴에 들어가도 정신만 바짝 차리면 산다는 속담처럼 정신만 차리면 될까요? 아닙니다. 먼저 호랑이를 이해해야 합니다. 호랑이를 관찰함으로써 어떤 특성을 가진 존재인지 파악한 후에 전략을 세워야겠죠. 지피지기면 백전백승이니까요. 또 그렇게 노력하다 보면 싫어하던 호랑이가 좋아질지도 모르는 일이죠.

싫어하는 것을 좋아하게 만들 수 있는 방법은 관심을 갖는 것입니다. 우리는 지금껏 한 번도 말하기에 큰 관심을 가진 적이 없습니다. 문제가 있다고만 생각했지 말을 잘하는 사람들에게 관심을 갖거나 그들의 장점을 따라하는 등 말하기 실력을 개선하기 위해 노력한 적이 없습니다.

어떻게 관심을 가질 수 있을까요? 관찰과 모방을 추천합니다.

먼저, 관찰하고 싶은 주제와 대상을 선택합니다. 내가 극복하고 싶은 점, 변화되고 싶은 점을 먼저 정리해 봅시다. 그리고 롤 모델을 찾읍시다. 저는 목소리를 멋지게 변화시키고 싶었습니다. 그래서 목소리가 멋진 성우 분들의 목소리를 무작정 반복해서 들었고, 비슷하게 흉내도 냈습니다. 더 구체적으로 배워 보고 싶다는 생각에 성우 학원도 다녔습니다. 그때 성우 선생님께서 해 주셨던 말이 잊히지 않습니다.

"말을 잘하려면 잘 들어야 해. 말을 안 듣는데 말을 잘할 수는 없겠지? 목소리도 마찬가지야. 목소리가 좋아지려면 목소리를 많이 들어야 해."

다음으로, 보고 듣고 따라하며 모방해 봅시다. 이후 더 많은 사람의 목소리에 귀 기울이기 시작했습니다. 그저 듣기만 하는 게 아니라 눈썹의 움직임, 입술의 모양, 표정의 변화까지 파악했습니다. 그리고 비슷하게 흉내도 내고 녹음도 하며 적극적으로 따라했습니다. 당시 녹음 파일을 들어 보면 손발이 오그라들지만, 그때를 계기로 현재의 안정적이고 자연스러운 목소리를 찾는 데 큰 도움을 얻었습니다.

말하기 수업을 하다 보면, 어떻게 개선해야 할지 방향을 알지 못해 어려움을 겪는 수강생들을 만납니다. 자신감이 없다 보니 이게 맞는지, 저게 맞는지 갈팡질팡하며 스스로에게 계속 질문하는 것이죠. 이때 가장 좋은 방법은 앞서 가고 있는 사람의 길을 따라가는 것입니다. 따라가다 보면 자신만의 길이 보입니다. 그러다 보면 자신이 언제 가장 자연스럽고 자신감 있는 모습인지 알게 됩니다.

마지막으로, 녹음한 후에 스스로를 피드백해 보세요. 혼자 연습할 것을 추천합니다. 꼭 대상이 있어야 할 필요는 없습니다. 녹음을 통해 혼자 연습해 보세요. 보고 듣고 따라하는 것에 그치지 말고, 녹음했던 파일을 다시 들으면서 문제점을 분석해 보세요.

영어도 말하기 훈련을 할 때 가장 많이 추천하는 방법이 바로 듣고 말하기입니다. 읽고 쓰는 연습만으로는 자연스럽게 대화하는 데 한계가 있습니다. 먼저 어떻게 말하는지 듣고, 입으로 말을 내뱉을 때 더 자연스럽게 이야기할 수 있습니다. 말하기는 글쓰기가 아니기 때문이죠.

녹음 파일로 나의 말하기를 다시 들어 보며 억양이나 악센트, 발음을 체크하는 것이 중요합니다. 이를 통해 평상시 내가 자주 사용하는 말하기의 문제점을 더 명확히 객관적으로 파악할 수 있습니다.

제가 해냈으니 여러분도 할 수 있습니다. 그러니 무엇이든 관심을 가져 보세요. 당당히 자신감 있게 말하는 그날까지.

자신감 있게 말하는 KEY POINT

우리는 지금껏 말하기에 문제가 있다고만 생각했지 말을 잘하는 사람들에게 관심을 갖거나 그들의 장점을 따라하는 등 말하기 실력을 개선하기 위해 노력한 적이 없습니다. 지금부터라도 관찰, 모방, 녹음 후 피드백 순서로 연습해 보세요.

외면하지 말고
반복해서 극복하기
1만 시간의 법칙

말을 잘할 수 있게 된 계기를 떠올려 보면, 여러 순간이 있지만 가장 도움이 된 일은 돌잔치 사회를 본 것입니다. 많은 사회 초년생이 그렇듯 저 또한 군대 전역 후 진로를 깊이 고민했습니다.

'앞으로 어떤 일을 해야 할까?'
'어떤 직업을 가져야 할까?'

1년간 대학교를 휴학하고 진지한 고민의 시간을 가졌습니다. 그때 우연히 티브이에서 성우분들의 멋진 목소리를 듣게 되었고, 성우라는 직업을 꿈꾸게 되었습니다. 막연하지만 '나의 목소리로, 나의 말로 사람들에게 기쁨을 줄 수 있다면 얼마나 좋을까?' 생각했습니다.

하지만 성우가 되기에는 말도 잘 못하고 준비 또한 부족했습니다. 자신감도 부족했고 마이크 앞에서 말해 본 경험도 없었습니다. 그래서 어떻게 하면 말을 잘할 수 있을까 고민했습니다.

돈을 벌면서 연습할 수는 없을까 고민하며 아르바이트를 찾기 시작했죠. 그러다 지인의 추천으로 돌잔치 사회를 시작했습니다. 그렇게 시작한 돌잔치 사회는 햇수로 6년. 매주 토요일과 일요일마다 한 주에 5명에서 10명의 아이들 돌잔치 사회를 맡았습니다. 지금까지 1,500회 이상 돌잔치 사회를 진행했습니다.

돌잔치를 1,000회 이상 진행하면 어떻게 될까요? 누가 어깨만 툭 건드려도 멘트가 술술 나옵니다. 사람들의 반응을 예측하고 짐작할 수 있는 여유가 생깁니다. 진행에 여유가 생기다 보니 자연스럽게 중간중간 애드리브도 넣을 수 있고, 나만의 진행 스타일도 생깁니다.

자연스럽게 말하기 실력이 향상되었습니다. 또 진행 실력을 인정받아 무대에 설 기회를 얻는 등, 현재는 수천 명 앞에서 행사를 맡아 진행하는 전문 MC가 되었습니다.

원래 말을 잘하던 사람이 아니었기 때문에 당연히 처음부터 잘하진 못했습니다. 오히려 행사장에서 너무 진행을 못한다며 저의 출연을 반대할 정도였으니까요. 사회를 볼 때마다 식은땀으로 온몸을 샤워하고 관객들의 눈도 제대로 쳐다보지 못했습니다. 여유는커녕 외운 멘트를 전달하기에 바빴습니다. 이런 제게 돌잔치 사회 1,000번 이상의 경험은 큰 힘이 되었습니다.

타고난 재능이 아닌 노력한 시간에 의지하라

영국의 소설가 조지 버나드 쇼는 "나는 젊었을 때 열 번 시도하면 아홉 번 실패했다. 그래서 열 번씩 시도했다"라고 말했습니다. 이처럼 반복의 힘은 매우 강하지만 실천하는 사람은 많지 않습니다. 시간을 투자할 만한 일인가 아닌가를 평가하고 온갖 핑계를 대며 반복하는 일을 게을리하죠. 저 또한 돈을 벌기 위해 열심히 노력했지, 자발적으로 연습해야 했다면 반복하는 일이 마냥 쉽지는 않았을 것 같습니다.

앞서 말했듯 저의 말하기 실력은 원래 매우 형편없었습니다. 타고나길 말을 잘하지 못했습니다. 말을 잘하는 사람들의 말솜씨를 동경하기만 했습니다. 수없이 연습하고 되뇌었지만 사람들 앞에서 쉽게 입이 열리지 않았습니다. 아무리 노력해도 실력이 늘지 않았습니다. 말주변이 있는 사람은 3개월 정도 노력하면 자연스러워졌지만, 저는 1년 반이 지난 후에야 조금씩 자연스러워졌습니다.

남들에 비해 시간도 오래 걸리고 성장 속도도 더뎠습니다. 하지만 괜찮습니다. 지금의 저는 빠르게 성장한 사람보다 훨씬 월등한 실력을 갖추고 있습니다. 반복을 통해 말이 능숙해지면 본래 말을 잘하는 사람보다 훨씬 말을 잘할 수 있습니다.

그러니 같은 것을 반복할 때 마음가짐을 바꿔 봅시다. 반복을 통한 말하기 연습을 귀찮아하거나 의미 없다고 생각하지 말고, 꼭 필요한 일이라고 생각해 보세요. 즐겁게 실천하는 반복은 긍정의 힘을 발휘합니다.

프로 가수들은 리허설을 매우 중요하게 생각합니다. 수백 번 연습한 무대일지라도 더 좋은 무대를 위해 실수를 반복해서 점검합니다. 리허설이 부족하면 다시 반복하고 또 반복합니다. 그렇게 완성도가 높아질수록 무대를 즐길 수 있는 여유가 생깁니다.

프레젠테이션의 거장이라 불리는 애플의 창업자 스티브 잡스는 성공적인 프레젠테이션을 위해 100번의 리허설을 했다고 합니다.

당신도 마르고 닳도록 끊임없이 반복하세요. 어느 순간에 여유가 생기고 자연스러운 표정과 몸짓으로 이야기하며 웃고 있는 스스로를 발견하게 될 겁니다.

그동안 말하기가 어려운 이유는 방법을 모르거나 타고나지 않았기 때문이 아니라 반복해서 연습하지 않았기 때문입니다.

자신감 있게 말하는 KEY POINT

프레젠테이션의 거장이라 불리는 애플의 창업자 스티브 잡스는 성공적인 프레젠테이션을 위해 100번의 리허설을 했습니다.

말할 때 조금 뻔뻔해져도 괜찮다

뻔뻔할 용기

자신감에 대한 강의를 진행할 때 가장 먼저 묻는 질문이 있습니다.

말버스: "자신감은 무엇인가요?"

학생 1: "당당할 수 있는 힘 아닐까요?"

학생 2: "도전할 수 있는 용기 같은 것?"

학생 3: "스스로 해낼 수 있다는 믿음?"

말버스: "방금 전 자신감에 대한 대답에 자신감이 있었나요?"

학생 1, 2, 3: "아니요."

자신감을 무엇이라고 정의할 수 있을까요? 스스로에게 물어보세요. 자신감은 '스스로 자(自)', '믿을 신(信)', '느낄 감(感)'으로 한자의 뜻을 그대로 해석하면 '나를 믿고 있음을 느끼는가'입니다. 그러니 자신감을 정의할 때 자신감 있게 말하지 못했다면, 나를 믿지 못하는 겁니다.

왜 나를 믿지 못할까요? 몇 가지 이유를 살펴보겠습니다.

- 답에 대한 확신이 없을 뿐만 아니라 틀릴 수도 있기 때문에
- 한 번도 이와 같은 질문을 받아 본 적이 없기 때문에
- 답변할 마음의 준비가 되지 않았기 때문에

즉, 자신감이 있으려면 답에 대한 확신도 가져야 하고, 질문도 익숙해야 하며, 답변할 마음의 준비까지 되어야 하는 겁니다. 이런 이상적인 상황은 많지 않습니다. 세상의 모든 일은 내 뜻대로 되지 않습니다.

우리는 자신감 있게 말하고 싶어 합니다. 왜 그럴까요? 모든 게 처음인 상황, 불안한 상황, 힘든 상황, 어색한 상황에서 주눅 들지 않고 당당하게 말하고 싶기 때문입니다. 편한 친구들 앞에서 자신감 있게 말하고 싶어서 그런 게 아닙니다. 처음 만나는 사람, 잘 보여야 하는 사람 앞에서 또는 평가받는 자리와 같은 불편한 상황을 포함해 언제 어디서나 자신감 있게 말하고 싶기 때문이죠.

어떻게 해야 할까요? 어떻게 해야 자신감 있게 말할 수 있을까요? 믿

을 구석을 늘려 가야 합니다. 나를 믿는 것이 자신감이라면 믿을 만한 구석을 늘려 나갈 때 자신감도 올라가겠죠. 믿을 구석은 자신감에 매우 큰 힘을 실어 주고, 나를 더 강한 사람으로 만들어 줍니다. 나를 깎아 내리는 두려움에서 벗어나 의심하지 않고 온전히 나에게 집중할 수 있도록 돕습니다.

무엇이든 자신감 있게 말할 수만 있다면

타고난 말하기 재능은 없다고 말할 수 없습니다. 그러나 자신감 있게 말할 생각조차 하지 않고, 다른 사람의 타고남만 탓하는 것은 포기한 것이나 다름 없습니다. 자신감은 타고난 것이 아닙니다. 그럼에도 자신감을 정해진 운명처럼 받아들인다면, 매우 잘못된 생각임을 일깨워 주고 싶습니다.

자신에게 채찍과 당근 중 무엇을 줄지는 오로지 자신의 선택에 달려 있습니다.

제 이야기를 하나 해 볼까 합니다. 저는 MC로 데뷔를 했습니다. 말을 잘하고 싶어 시작한 일이었지만, 진행 실력은 형편없었고 타고난 센스, 순발력, 말주변도 턱없이 부족했습니다. 설상가상으로 중저음 목소리는 따분하고 지루한 분위기를 자아냈습니다.

다른 사람은 3개월 만에 금방 적응해서 좋은 실력을 갖춰 나가는데 저는 1년 넘게 헤매는 것 같아 자괴감도 들었습니다. 일을 못하다 보니 행사도 많지 않았고, 경제적으로 정신적으로도 매우 힘들고 지쳤습니다. 자신감은 바닥 끝까지 떨어졌습니다.

'타고난 사람들이 있나 보다, 노력해도 안 되는 일이 있나 봐' 생각하며 MC를 포기하려 했습니다. 함께 일하는 형에게 찾아가 "저는 안 되나 봐요, 진행 실력도 형편없고 여기까진가 봐요"라고 말했습니다. 좌절감에 사로잡혀 낙망해 있는 제게 형은 욕을 왕창 퍼부었습니다.

"미친× 너를 낳아 주신 부모님도 너를 그렇게 평가하지 않는데, 네가 뭔데 스스로를 여기까지라고 결론지어?"

순간 멍해졌고 갑자기 눈물이 핑 돌았습니다. 슬픈 게 아니라 스스로에게 화가 났습니다. '지금까지 단 한 순간이라도 나는 나를 온전히 믿어 준 적이 있었나?' 생각했습니다. 늘 나의 말과 진행은 정답이 아니라고 생각했습니다. 말하는 내내 확신이 없는 상태로 사람들이 나를 어떻게 바라볼지만 생각하며 두려워했습니다.

자신감 있게 말하는 사람들은 말하는 동안 불안해 보이지 않습니다. 재미있는 이야기를 하든 진지한 이야기를 하든 짧은 이야기를 하든 자신만의 호흡으로 말합니다. 누가 뭐래도 흔들리지 않고 자신만의 분위기를 유지합니다.

말을 잘하는 이들에게는 자신의 말에 대한 100퍼센트 확신과 완벽한 정답이 존재할까요? 아닙니다. 이들에게 확신과 정답은 말하는 데 있어 중요한 요소가 아닙니다. 자신의 생각을 자신감 있게 이야기할 수 있는 습관이 있기 때문에 가능한 일입니다.

자신의 생각을 자신감 있게 말하는 습관의 힘, 바로 믿음입니다. 내 입 밖으로 나오는 모든 말을 기꺼이 믿어 주는 겁니다. 내가 원하는 모습이 나오든 나오지 않든 상관없습니다. 결과와 상관없이 말하는 순간 확신을 가지고 이야기해 보는 겁니다. 미리 겁먹지 말고, 앞으로의 말을 생각하느라 지금 할 말을 놓치지 말고, 현재 하고 싶은 말을 믿고 말해 보는 겁니다. 스스로의 말을 제어하고 가두다 보면 생각을 확장해 나갈 수 없습니다.

"괜히 말했다가 분위기 썰렁해지면 어떡하지?"
"이렇게 말하면 사람들이 나를 이상하게 보지 않을까?"

나조차 나의 말을 믿지 않는다면 내 이야기를 듣는 청중에게 믿음을 주기는 어렵습니다.

믿을 구석은 말 그대로 내가 믿고 의지할 수 있는 나의 장점입니다. 실패할 확률보다는 성공할 확률이 높은 것이죠. 지금부터라도 나의 말을 믿고 자신감 있게 말해 보세요.

내성적이어도 자신감 있게 말할 수 있다

내성적인가요? 사람들에게 다가가기 어렵고 사람들과 함께 보내는 시간이 힘들고 버거운가요? 내성적인 성격 때문에 사람들 앞에서 말할 때 움츠러드나요? 하지만 다르게 해석할 수 있습니다. 내성적인 성격으로도 충분히 사람들과 자신감 있게 말할 수 있습니다.

저도 내성적인 사람입니다. 말하는 데 여러 어려움을 겪었지만, 있는 그대로의 제 모습을 믿고 꺼냈습니다. 그때부터 사람들이 제 말에, 제 강의에 반응하고 공감해 주기 시작했습니다. 멋지게 잘 갖춰져 있고 잘 꾸며진 제 모습이 아닌 부족하더라도 있는 그대로의 제 모습에 더 잘 호응해 줬습니다. 나아가 사람들에게서 공감대를 이끌어 낼 수 있었습니다. '내성적인 사람이 말하기 전문가로, 말하기 강사로 활발히 활동하고 있다니 나도 할 수 있겠다'라며 용기를 얻기도 했습니다.

어느 분야에서든 마찬가지입니다. 내 머릿속 생각과 행동은 결코 의미 없고 헛된 것이 아닙니다. 나만의 문제라고 생각한 것들이 사실 대부분의 사람이 고민하는 문제일지도 모릅니다. 믿고 던져 보세요. 걱정하는 일들은 생각처럼 잘 일어나지 않습니다.

단, 준비물이 한 가지 있습니다. 바로 뻔뻔한 마음이 필요합니다. 가진 것 없이, 잘난 것 없이 실수를 좀 하더라도 자신감 있게 말하는 뻔뻔함이 필요합니다. 우리는 늘 스스로를 과소평가합니다. 그러니 '나는 부족해', '나는 정확히 몰라' 하는 마음에 뻔뻔함으로 맞서야 합니다. 그래야 자신감 있게 사람들과 이야기하고 소통할 수 있습니다.

나를 확실하게 표현하세요. 조금 뻔뻔하게 자신을 보여 주세요. 자신의 선택, 자신의 말을 믿어 주는 겁니다. 그 선택이 긍정적인 결과를 이끌어 낼 때 내 선택을 믿을 수 있는 믿을 구석이 생기는 것이죠.

아주 사소한 것부터 시작해 보세요. 아주 사소한 것들부터 적용하고 시작해 보세요. 가장 쉽다고 느껴지는 것부터 성취해 보는 겁니다. 사소하다고 생각하는 작은 성취감이 모여 자신감을 높여 줄 겁니다. 내 선택에 대한 믿을 구석을 만드세요. 그리고 자신감 있게 말하세요.

자신감 있게 말하는 KEY POINT

뻔뻔해도 괜찮습니다. 실수를 좀 하더라도 자신감 있게 말하는 뻔뻔함이 필요합니다. '나는 부족해', '나는 정확히 몰라' 하는 마음에 뻔뻔함으로 맞서야 합니다. 그래야 자신감 있게 사람들과 이야기하고 소통할 수 있습니다.

0.0001퍼센트의 변화가
이끄는 성장

나비효과

드라마 〈시그널〉, 〈싸인〉, 〈킹덤〉 등 이름만 들어도 아는 명작을 쓴 김은희 작가이지만, 초보 작가 시절에는 그녀 역시 글을 정말 못 썼다고 말한 남편 장항준 감독의 인터뷰 기사를 본 적이 있습니다. 뒤이어 그는 김은희 작가에 대해 이렇게 말합니다.

"김은희 작가의 정말 대단한 능력은 항상 성장한다는 거예요. 다음 날이 되었을 때 0.0001퍼센트일지라도 성장합니다."

더디더라도 성장을 멈추지 않는다면 언젠가는 큰 변화를 이룰 수 있습니다. 하지만 말이 쉽지 당사자에게는 매우 지치는 상황입니다. 그래서 '처음부터 잘하는 사람 없다'는 말이 때로는 야속하게 들립니다.

특히 말하기가 그렇습니다. 처음부터 잘하는 사람은 없다지만 별 노력 없이 잘하는 사람도 많으니까요. 타고나길 잘하면 어디 좀 덧나나 왜 이렇게 제대로 할 줄 아는 게 없을까 싶습니다. 한 번에 쉽고 빠르게 해내는 사람을 보면 더 맥이 빠집니다. 이렇게 상대와 비교하다 보면 열등감은 극에 달합니다.

"얼마나 연습해야, 어떻게 연습해야 말하기에 변화가 있을까요?"

호흡만 바꿔도 말이 달라진다

말하기를 변화시키는 것은 호흡을 바꾸는 일입니다. 따라서 호흡을 바꾸면 말하기가 달라질 수 있습니다.

사람은 저마다의 말하기 호흡이 존재합니다. 생각의 속도, 선호하는 말투, 전달하는 방법도 각기 다릅니다. 그러다 보니 은연중에 불필요한 습관이나 안 좋은 말버릇이 생깁니다. 수십 년 동안 형성된 말하기 습관을 단번에 바꾸는 일도 쉬운 일은 아닙니다.

유튜브에서 특정 영상의 조회 수가 급상승할 때 '떡상'했다고 표현합니다. 누군가는 운이 좋아서 생긴 일이라고 말합니다. 저는 반대라고 생각합니다. 떡상의 기회는 발전의 경험치가 쌓인 순간에 찾아온다고 생각합니다. 많은 사람에게 사랑받고 인정받을 능력치가 쌓였을 때 비로소 찾아오는 기회인 것이죠. 사람들이 원하는 콘텐츠를 잘 편집해서 제공했을 뿐만 아니라 자기 발전을 위해서도 열심히 노력했을 겁니다.

말하기의 변화 역시 능력치가 누적된 어느 시점에 갑자기 찾아오는 떡상의 순간과도 같습니다. 한순간에 그간의 노력이 증명되는 것이죠. 그러므로 자신의 말하기 호흡을 고집하며 변화에 도전하지 않는다면 떡상의 기회는 영영 찾아오지 않을 겁니다.

평소 표현이 적고 무뚝뚝하다면 '사랑해, 좋아해, 고마워, 미안해, 행복해, 슬퍼, 기운 내' 같은 말을 표현하는 일이 굉장히 어색할 겁니다. 하지만 다정다감하게 말하고 싶은 마음이 있다면 무엇이든 적극적으로 표현하기 위해 노력해야 합니다. 입이 떨어지지 않더라도, 부끄럽고 어색할지라도 조금씩 해 보면 됩니다. 처음에는 변화가 없어 보여도 분명 달라집니다.

그러므로 말하기 역시 제자리걸음 같아 보여도, 포기하지 말고 0.0001퍼센트의 변화를 추구하며 떡상의 기회를 노립시다. 지금껏 사용하던 호흡을 내려놓고 새로운 호흡을 맞이하기 위해 노력해 봅시다. 호흡을 바꾸기 위한 시도들을 조금씩 늘려 가면 됩니다.

여전히 0.0001퍼센트의 변화가 하찮게 느껴지나요? 지금 당장은 엄청난 변화가 없을지도 모르지만, 작은 변화들이 모이고 쌓일 때 어느 순간 자신감 있게 말하고 있는 자신을 발견하게 될 겁니다. 작더라도 지속적인 만족감과 변화들이 필요합니다.

작은 변화들이 모여 성장에 얼마나 크게 기여했는지 목격하게 될 겁니다. 변화를 감지했다면 아낌없이 자신을 칭찬해 주세요. 칭찬은 고래도 춤추게 하잖아요. 제가 당신의 노력을, 그 작은 변화들을 열심히 응원하겠습니다.

자신감 있게 말하는 KEY POINT

제자리걸음 같아 보여도 포기하지 말고, 0.0001퍼센트의 변화를 추구하며 떡상의 기회를 노립시다. 작은 변화들이 모이고 쌓일 때 어느 순간 자신감 있게 말하고 있는 자신을 발견하게 될 겁니다.

우물쭈물이
말이 되지 않게
빠른 결정의 힘

다음 물음에 최대한 구체적으로 답해 보시길 바랍니다. 자신을 이해하고 알아 가기 위함입니다. 명상하는 것처럼 생각을 집중할 수 있는 환경에서 작성하면 더욱 좋습니다.

Q. 나는 어떤 사람인가?

Q. 지금까지 어떤 삶을 살아 왔나?

Q. 현재 나를 즐겁게 하는 일은 무엇인가?

Q. 현재 나를 힘들게 하는 일은 무엇인가?

Q. 나의 생각, 말, 행동에 크게 영향을 주는 존재가 있는가?

Q. 심적으로 가장 힘들다고 느낄 때는 언제인가?

Q. 왜 말하기에 변화를 주고 싶은가?

Q. 말을 개선하기 위해 어떤 노력을 해 봤나?

Q. 앞으로 어떤 모습으로 달라지고 싶은가?

Q. 이 책을 읽는 이유는 무엇인가?

유독 오래 생각이 머무는 질문이 있을 겁니다. 그동안 생각해 보지 않은 생소한 질문들이기에 답하기 힘들 수도 있습니다. 답이 겹치는 질문도 있을 테고요. 강의할 때마다 수강생들에게 자주 듣는 말이 있습니다.

"선생님 덕분에 제가 어떤 사람인지 알게 됐습니다."

이런 이야기를 듣는 게 참 민망합니다. 자신에게 묻고 답하며 스스로 깨달은 것이니까요. 이전에는 이와 같은 시간을 보낸 적이 없었을 뿐입니다. 우리 모두 마음의 소리에 귀 기울이고, 과거와 현재에 대해 생각해 보는 시간이 필요합니다.

혹시 질문에 답하며 왜 이 책을 읽고 있는지 생각해 봤나요? 추천받아서 읽고 있나요? 아니면 이 책을 읽고 나면 자신감 있게 말할 수 있을 것 같은 기대가 있나요? 누구나 조금만 연습하면 자신감 있게 말할 수 있습니다. 그러나 변화를 향한 간절한 마음이 있어야 합니다.

말하기 전문가 말버스의 어린 시절

초등학생 시절 저는 천진난만하고 장난기 많은 밝은 아이였습니다. 친구들과도 잘 어울렸죠. 중학교에 올라간 후에는 모든 게 낯설었습니다. 성격이 소극적으로 급변하기 시작했습니다.

중학교 2학년 때는 마음이 굳게 닫혔습니다. 친구들의 말이 모두 시비처럼 느껴졌습니다. 작은 일에도 눈치를 보고, 질문을 받으면 어떻게 답해야 할지를 몰라 입을 닫거나 모른다는 말로 대충 넘어갔습니다. 친구들도 더 이상 제게 다가오지 않았습니다. 오히려 저를 헐뜯고 놀리는 친구들이 생겼습니다. 외톨이가 된 기분이었습니다. 저는 어떤 노력도 하지 않았습니다.

'내 성격은 원래 그래. 난 자신감 있게 말할 용기가 없어.'

늘 스스로를 자신감 없는 존재로 치부했습니다. 그렇게 속절없이 시간은 흘렀습니다. 그러던 어느 날 내가 변하지 않으면 아무것도 바뀌지 않는다는 사실을 깨달았습니다. 조금씩 행동을 바꿔 보기로 마음먹었습니다. 적어도 내가 좋아하는 사람들에게만큼은 나를 솔직하게 드러내고 싶었습니다. 나를 좋아해 주는 사람과 내가 좋아하는 사람에게만큼은 내가 할 수 있는 최선을 다해야겠다고 생각했습니다. 그 순간이 바로 변화의 시작이었습니다.

제 과거 모습 중 가장 힘들었던 순간을 뽑으라면, 중학교 시절입니다. 하지만 지금의 나를 있게 만든 가장 큰 핵심 기억입니다. 과거에는 이때의 모습을 감추고 숨기기에 바빴습니다. 나를 창피하게 만들고 작아지게 만드는 모습이니까요. 그러나 이제는 부정하지 않습니다. 그때의 나는 그럴 수밖에 없었고, 그게 결코 나쁜 일은 아니니까요.

성격은 바뀌지 않는다고 합니다. 이 말에 매우 동감합니다. 저는 지금도 사람들과의 관계 속에서 그리고 삶 속에서 매우 소극적인 사람입니다. 그럼에도 있는 그대로의 저를 존중하고 사랑하기로 했습니다.

지금의 나는 어떤지 한 번 자세히 들여다 보세요. 내가 어떻게 행동하고, 말하고, 생각하는지 주의를 집중해 관찰하고 살펴보는 겁니다. 그때 나의 문제가 보이기 시작하고 어떻게 더 나은 삶으로 나아갈 수 있을지 고민하다 보면, 달라지고 싶은 간절한 마음이 샘솟을 겁니다.

늦지 않았습니다. 지금 자신을 들여다 보세요. 더는 우물쭈물하지 말고 오늘 당장 시작하세요. 더 이상 미루지 마세요.

자신감 있게 말하는 KEY POINT

누구나 자신감 있게 말할 수 있지만 변화를 향한 간절한 마음이 있어야 합니다. 내가 어떻게 행동하고, 말하고, 생각하는지 관찰하고 살펴봅시다. 나의 문제를 발견하고 어떻게 더 나은 삶으로 나아갈 수 있을지 고민하다 보면, 변화를 향한 간절한 마음이 샘솟을 겁니다.

VTS를 아는 사람과 모르는 사람의 차이

아는 것의 힘

멋지게 발표하는 사람, 대화를 편하게 리드하는 사람, 어디서나 당당하게 말하는 사람 등 자신감 있게 행동하고 말하는 사람들에게는 여유가 느껴집니다. 이들은 어떤 상황에서든 조급해하거나 불편해하지 않고 평온하고 자연스러운 모습을 유지합니다.

대개 마음이 안정적일 때 여유가 있습니다. 또 준비가 완벽하거나, 실력이 뛰어나거나, 상황과 환경이 자신에게 유리하게 작용할 때 여유가 넘치죠. 실제로는 반대의 경우가 더 많습니다. 준비가 완벽하지 않아서, 자기보다 실력이 뛰어난 사람이 많아서, 상황이 좋지 않아서 불안해합니다.

그러나 모든 것이 완벽해도 불안할 수 있습니다. 그럼 불안의 원인을 해소할 수 있긴 할까요?

행복해서 웃는 게 아니라 웃어서 행복한 겁니다. 마찬가지로 마음의 여유가 있어서 말을 잘하는 것이 아니라 자신감 있게 말함으로써 마음의 여유가 생기는 것입니다.

자신감 있게 말할 때 도움이 되는 세 가지를 소개하겠습니다. 바로 목소리(Voice), 생각(Think), 미소(Smile)입니다. 저는 이 세 가지를 VTS라고 부릅니다. 평범해 보여도 반복해서 사용하다 보면 자연스레 자신감이 생깁니다. 저도 자신감이 떨어질 때마다 VTS를 통해 자신감을 회복합니다. 수강생들 역시 저와 동일한 효과를 누렸습니다.

V. 목소리를 크게 할 때 자신감 있게 말할 수 있다

'목소리가 큰 사람이 이긴다'는 말이 있지만, 현재는 통하지 않습니다. 그러나 목소리 큰 사람들의 세상은 아직 끝나지 않았습니다. 목소리가 클수록 유리한 점이 반드시 있기 때문입니다. 당당하게, 자신감 있게, 여유롭게 말할 수 있습니다. 전달력이 있고, 말에 힘이 있습니다. 큰 목소리에서 말에 대한 소신과 확신이 우러나옵니다.

말할 때 소신과 확신을 전달하는 일은 매우 중요합니다. 이때 발음이 정확하고 목소리가 큰 사람과 어눌한 발음에 목소리가 기어들어 가는 사람의 말하기는 내용을 떠나서 그 차이가 엄청납니다. 듣는 이들의 집중도, 신뢰도, 이해도 측면에서 그 차이가 확연합니다.

그동안 저는 다른 사람에게 민폐를 끼칠까 봐 최대한 작게 말했고, 말에 확신이 부족해서 말을 흘리며 억눌하게 말했습니다. 그러나 목소리를 크게 하는 것만으로도 이전에 없던 자신감과 여유를 누릴 수 있었습니다.

목소리 키우기 훈련은 제가 자신감을 찾기 위해 가장 먼저 시도한 훈련입니다. 처음에는 너무 어색하고 큰 목소리에 적응도 어려웠지만, 반복할수록 자신감이 솟아나는 걸 느낄 수 있었습니다.

무조건 목소리를 크게 하세요. 배에 힘을 주고 입을 정확하게 벌려 말해 보세요. 어떻게 배에 힘을 주는지 모르겠더라도 상관없습니다. 평소 목소리보다 두세 배 크게 말해 보세요. 단, 처음뿐만 아니라 끝까지 목소리에 힘을 줘야 합니다.

T. 충분히 생각할 때 자신감 있게 말할 수 있다

상대에게 질문을 받으면 얼마나 생각하고 답하나요? 오늘부터는 여유 있게 시간을 갖고 질문에 답해 보세요. 자신감 있게 말하려면 충분히 생각할 시간이 필요합니다.

대부분 상대의 말에 바로 답해야 한다고 생각합니다. 그러나 빠르게 답할 이유는 없습니다. 질문의 깊이에 따라 답변 속도가 달라져야 합니다. 바로 말해야 한다는 강박에서 벗어나세요. 비로소 빠르게 생각하기와 여유 있게 생각하기를 구분할 수 있습니다.

빠르게 말해야 하는 상황이라면, 한 가지만 유의해 주세요. 거침없이 재빠르게 답변하고 후회하지 않아야 합니다. 뒤늦은 후회나 불필요한 설명들은 말의 매력을 떨어트립니다. 1초 만에 머릿속에 정리되어 나오는 말에는 분명 이유가 있습니다. 괜한 후회로 머릿속을 어지럽히지 말고 자신감 있게 말하세요.

반대로 정말 긴 생각이 필요한 순간이 있습니다. 이때는 상대방에게 양해를 구해야 합니다.

"잠깐 생각해 보고 말해도 될까요?"

오해하지 마세요. 양해를 구하는 일은 절대 상대를 곤란하게 만드는 일이 아닙니다. 오히려 대화의 적극성을 보이는 예의 바른 태도입니다. 상대의 질문에 깊이 있게 생각하는 모습이 더 호감으로 비춰지죠. 애써 서두르거나 조급하게 생각하지 말고 여유 있게 생각해 보세요.

S. 미소 지을 때 자신감 있게 말할 수 있다

표정은 사람을 볼 때 가장 먼저 눈에 띄고 심적 변화에 따라 변화가 가장 두드러집니다. 미소는 심적으로 행복감을 가져다주고 편안한 마음을 가지게 만듭니다. 그런데 상대가 웃음기 없이 무표정한 얼굴이거나 인상을 찌푸린 얼굴로 나를 바라본다면 어떨까요? 그 모습을 바라보는 내 마음도 불편해집니다. 상대의 불편한 마음이 나에게 영향을 미칩니다. 표정은 거울과도 같습니다.

많은 사람이 고민을 가지고 저를 찾아옵니다. 일상의 대화든 발표든 자신이 말만 하면 분위기가 재미없고 딱딱해진다고, 점점 말하기에 대한 자신감이 떨어진다고 말입니다. 상대의 표정에서 재미없고 불편해하는 마음이 보인다고 고민을 털어놓습니다. 그때 제가 묻습니다.

"말할 때 본인의 표정은 어떤가요?"

내가 먼저 웃어야 합니다. 무미건조한 표정을 짓고 이야기하는 사람의 말하기는 상상만으로도 딱딱하고 힘이 빠지고 집중하기 어렵습니다. 상대의 무표정을 탓하기 전에 내가 먼저 불편한 표정을 짓고 있지는 않은지 점검해야 합니다.

상대에게 비치는 표정이 중요하다는 사실을 알면서도 신경 쓰지 못하는 데는 이유가 있습니다.

- 말의 내용에 열중한 나머지 표정을 전혀 신경 쓰지 못한 경우
- 평소에 감정을 잘 표현하지 않는 경우
- 미간을 찌푸리거나 입꼬리가 한쪽만 올라가는 등의 버릇이 있는 경우

이 모두를 극복할 수 있는 방법이 있습니다. 내 얼굴을 자주 보고 확인하는 겁니다. 1일 10회씩 활짝 웃는 얼굴로 셀카를 찍어 보세요. 최대한 자연스러운 미소의 셀카여야 합니다. 물론 처음부터 자연스럽기란 어려울 겁니다. 정말 어색하겠지만 하루도 거르지 말고 웃어 보세요.

매일 베스트 셀카를 한 장씩 남겨 보세요. 그렇게 일주일이 지나고 한 달이 지나고 셀카가 반복되면 아름다운 미소를 띤 내 얼굴을 발견하게 됩니다. 그때 더 많은 사람에게 여유 있는 미소를 날려 주세요.

VTS의 목적은 여유 찾기입니다. 여유로운 마음으로 말할 수 있도록 연습하고 훈련하는 겁니다. 처음에는 어색하고 힘들지 모르지만 꾸준히 반복하다 보면 VTS의 효과와 유익을 누릴 수 있을 겁니다. 실제로 많은 수강생이 VTS를 반복함으로써 자신감 있게 말할 수 있었습니다.

자신감 있게 말하고 싶다면, 사람들과 편안하게 대화하고 싶다면, 사람들에게 확신 있게 발표 내용을 전달하고 싶다면, 미소를 지으며 충분히 생각한 뒤 큰 목소리로 말하면 됩니다.

자신감 있게 말하는 KEY POINT

큰 목소리로(Voice), 생각한(Think) 뒤에, 미소를(Smile) 지으며 말하세요.
VTS는 여유를 찾아 주는 동시에 자신감 있게 말하는 데 효과가 있습니다.

자신감 있게 말하는 법
2

◆ 주변 사람들의 반응에 너무 일희일비하지 마라. 모두가 내 말에 귀 기울일 필요 없다. 타인의 시선에 신경 끄고 자유롭게 말하라.

◆ 너무 말을 잘하고 싶은 마음을 내려놔라. 일단 말하라. 스스로를 다그치기보다 격려하라.

◆ 말하기의 발전 속도는 느려도 괜찮지만 노력까지 게을리하면 안 된다.

◆ 말을 잘하는 사람들의 장점을 따라하라. 말하기 실력을 개선하기 위해 관찰, 모방, 녹음 후 피드백을 통해 연습하라.

◆ 타고난 재능이 아닌 노력에 의지하라.

◆ 무엇이든 자신감 있게 말하라. 실수를 좀 하더라도 주눅 들지 말고 뻔뻔하게 말하라.

◆ 호흡을 바꿔라. 호흡만 바꿔도 말하기가 달라진다.

◆ VTS로 여유를 찾아라. 큰 목소리로(Voice) 말하고, 생각한(Think) 뒤에 말하고, 미소를(Smile) 지으며 말하라.

3장

누구와도 즐겁게
이야기할 수 있다

대화가 술술
풀리는 비결

"대화는 당신이 배울 수 있는 기술이다.
그건 자전거 타는 법을 배우거나 타이핑을 배우는 것과 같다.
만약 당신이 연습하려는 의지가 있다면,
당신은 삶의 모든 부분의 질을 급격하게 향상시킬 수 있다."

브라이언 트레이시

어색한 사람과
편하게 대화하는 법

대화가 어려운 사람들이 공통적으로 하는 말이 있습니다.

"친구들과 만나면 말도 잘하고 즐거운데 불편한 사람들 앞에서는 말이 잘 나오지 않아요."

저는 이런 말을 들으면, 그때마다 "저도 쉽지 않아요, 늘 힘들더라고요"라고 말합니다. "처음 만난 사람이 오랜 친구들보다 훨씬 편해요"라고 말하는 사람은 아마 없을 테니까요. 생각해 보면 너무나 당연한 고민과 답입니다. 어색하고 불편한 사람과의 대화가 편할 리가 없겠죠.

예외인 사람도 있습니다. 처음부터 낯을 가리지 않고 허물없이 지내는 인싸도 있습니다. 외향적인 성격을 타고났기에 가능한 일이지만, 그게 아니더라도 잘 지낼 수 있는 삶의 요령이 있습니다.

(1) 상대방에게 호감을 표현하라

누구나 자신에게 부정적인 사람보다 호의적인 사람을 좋아합니다. 관계도 호의를 서로 주고받을 때 급속도로 발전합니다. 그러나 호의는 진심을 전하는 수단으로 잘 이용해야 합니다.

어떻게 상대에게 진심을 전할 수 있을까요? 질문하는 겁니다. 갖고 싶은 물건이 생기면 그 물건에 대한 수많은 궁금증이 생깁니다. 비슷한 종류의 다른 물건이 있는지, 제조 일자는 언제인지, 가격은 얼마인지, 어디서 구할 수 있는지, 후기는 어떤지 등등 말입니다. 관심 있는 물건을 향한 호기심처럼 관심 있는 사람에게도 그와 같이 질문하면 됩니다.

사람이라면 누구나 자신을 향한 관심을 좋아합니다. 여기서 말하는 관심은 많은 사람의 주목이 아닌 애정을 뜻합니다. 자신의 말에 귀 기울여 주고, 관심을 표현하고, 호의적으로 다가오는 사람을 누가 좋아하지 않을 수 있을까요? 그러니 친해지고 싶은 상대에게 당신의 관심을 표현하며 질문해 보세요. 어떻게 질문하는지에 대한 방법도 뒤에서 더 살펴보겠습니다.

(2) 자신의 이야기를 먼저 꺼내라

상대에게 질문만 한다면 대화가 아니라 인터뷰입니다. 나의 이야기를 먼저 꺼내지 않으면 상대는 진심을 느끼지 못합니다. 자신을 비추지 않는 대화는 상대를 지치게 만듭니다. 자신을 드러내지 않는다고 생각하고 마음의 문을 닫아 버리죠.

처음부터 나를 드러내기가 쑥스럽고 부담스러운가요? 그럼 상대는 왜 편할 거라고 생각하나요? 상대가 나보다 더 불편함을 느끼는 사람이라면 계속 서로 눈치만 볼 건가요? 상대의 마음을 여는 열쇠는 내 이야기를 하는 것입니다. 나의 귀여운 실수담 정도는 스스럼없이 꺼내 봅시다. 치부나 상처까지도 용기 있게 나눠 보세요. 상대가 마음을 활짝 열고 다가오는 계기가 될 수 있습니다.

상대에게 도움이 될 만한 정보도 공유해 보세요. 핸드폰을 뒤적이는 등의 적극적인 자세도 너무 좋습니다. 상대의 고민에 대한 내 생각도 솔직하게 이야기하면서 과거의 경험을 덧붙여 나눠 보세요.

(3) 편안함을 추구하며 대화하라

처음에는 지속적인 노력이 필요합니다. 하지만 너무 애쓰며 노력하지 말고, 편안함을 의식하며 대화해 보세요. 수많은 노력 뒤에 자연스러움이 뒤따를 겁니다. 그러다 보면 어느 순간 사람을 대하는 일이 편해질 수 있습니다. 자신만의 누적된 경험이 쌓이면 말이죠.

"이런 성향의 사람은 먼저 다가갈 때 더 편한 것 같아."

"같은 말이라도 이렇게 말하면 더 기분 좋게 받아들이는구나."

자신만의 방법을 터득해 나갑니다. 일반적인 대화 방법이나 이론들은 모두 동일하게 적용되지 않습니다. 자신에게 맞는 말하기 방법을 찾아야 합니다. 직접 부딪히고 나만의 방식으로 변형해 나가는 과정이 필요합니다. 머릿속으로만 생각하지 말고 직접 말해 봐야 합니다.

그리고 자주 찾아가세요. 할 말이 많지 않더라도 일단 자주 찾아가세요. 마음의 거리를 좁히는 가장 효과적인 방법은 신체적 거리 좁히기입니다. 상대와 자주 만나세요. 말하기의 자신감을 늘리는 가장 좋은 방법입니다.

이 세 가지 요령은 가장 기초적이지만, 많은 사람이 스쳐 지나가 버립니다. 현재 사람들과 좋은 대화를 나누고 있다면 위에 소개한 내용들이 지극히 당연해 보일지도 모릅니다. 대화에 타고난 성격은 없습니다. 좋은 대화를 위한 좋은 습관만 존재할 뿐입니다.

자신감 있게 말하는 KEY POINT

대화에 타고난 성격은 없습니다. 좋은 대화를 위한 좋은 습관만 존재할 뿐입니다.

육하원칙으로
쓸모 있게 질문하는 법

"이야기할 때 무슨 질문을 해야 할지 잘 모르겠습니다."

"이야깃거리가 생각나지 않아요."

"대화 주제가 금방 고갈됩니다."

"대화가 자꾸 끊어지고 어색해집니다."

대화를 어려워하는 사람들의 주된 고민입니다. 대화가 힘든 사람은 대화 자체가 큰 에너지를 필요로 한 일이겠죠. 또 엄청난 감정 소모와 스트레스를 불러일으킬 겁니다. 대화가 힘든 이유는 여러 가지이지만 대개의 경우 좋은 대화를 위한 말하기 방법을 모르기 때문입니다.

방법을 조금만 알아도 자연스럽게 대화를 이어 나갈 수 있습니다. 또 대화에 새로운 흥미가 생길 수도 있습니다. 먼저 대화를 구성하는 질문과 답변하는 요령을 익혀야 합니다.

육하원칙을 활용하면, 한 가지 주제로 적게는 6개, 많게는 30개 이상 질문할 수 있습니다. 그러나 전제 조건이 있습니다. 상대에 대한 관심과 궁금증이 있어야 합니다. 관심을 가지고 궁금해하는 마음이 없다면 어떤 질문을 해도 가식적이고 인위적으로 느껴질 테니까요.

대화가 끊이지 않는 육하원칙 질문법

육하원칙을 토대로 말하면, 전달하고자 하는 내용을 빠짐없이 전달할 수 있습니다. 또 육하원칙만 있으면 짧게 생각하고 순발력 있게 말할 수 있습니다. 자신감 있게 말하는 데 필수입니다.

수준 높은 대화를 위해 육하원칙을 활용해 더 풍성하게 질문하는 법을 몇 가지 추가로 살펴보겠습니다.

첫째, 시점을 다각화하세요. 1인칭, 2인칭, 3인칭, 이곳, 저곳, 그곳, 과거, 현재, 미래 시점으로 질문을 넓혀 보세요. 다양한 시점으로 질문하는 겁니다. 이 질문법의 장점은 한쪽으로 치우치지 않고 다방면으로 질문할 수 있다는 겁니다. 또 몰입도가 높습니다.

"내가 가면 어디가 좋을까?"

"저곳에 가려면 무엇을 타고 올라가야 해?"

둘째, 질문에 상황을 더해 보세요. 과거의 기억과 경험을 소환하는 것이 도움이 됩니다. 이 질문법으로 딱딱하고 진부한 질문에서 벗어나 나만의 독창적인 질문을 만들 수 있습니다. 또한 상황이 머릿속에 그려지도록 질문하기 때문에 답변을 더 풍성하게 유도하기 쉽습니다.

"만약에 ◇◇하는 상황이라면 무엇을 하고 싶으세요?"
"혹시 △△가 생기면 언제가 좋을까요?"

셋째, 상대의 답변을 토대로 질문하세요. 대화를 자연스럽게 이어 가는데 가장 좋은 질문법입니다. 상대의 말을 경청하는 자세가 필요합니다. 여기서 한 가지 주의할 사항이 있습니다. 상대의 말을 알아듣지 못했는데, 괜히 알아들은 척하며 대충 넘어가지 마세요. 또 무례한 질문으로 상대의 기분을 상하게 해서도 안 됩니다. 이를 제외한 모든 질문은 상대를 기분 좋게 할 겁니다.

"어? 방금 말한 게 지난번에 이야기한 ○○ 아닌가요?"
"□□ 성공하신 거예요? 혹시 도움받을 수 있을까요?"

글이든 말이든 어디에나 쓸모 있는 육하원칙

대화할 때는 상대와 호흡을 맞춰야 합니다. 생각, 감정, 지식을 적절히 꺼내야 합니다. 그러나 한 사람만 이야기하는 소모성 대화는 금세 지칩니다. 따라서 서로 대화의 합을 맞춰 나가야 합니다. 내가 모르는 이야기를 한다면, 내가 궁금한 사항들을 육하원칙을 토대로 물어보는 것부터 시작하면 됩니다.

예를 들어 상대방의 직업이 화가인데 나는 미술에 대해 잘 알지 못할 경우, '언제부터 미술을 배웠는지', '어디서 그림을 많이 그리는지', '무슨 생각하면서 그리는지?', '어떻게 영감을 얻는지', '화가 중에 누구를 좋아하는지', '어떤 그림을 좋아하고 특별히 그 그림을 좋아하는 이유가 있는지' 등등 육하원칙을 토대로 기본적인 사항부터 질문해 보세요. 어떤 주제든 적용 가능합니다.

미리 질문을 찾아보고 적어 두는 것도 좋은 자세입니다. 예능 프로그램 〈나 혼자 산다〉에서 기안84와 한혜진이 처음 만나 단둘이 데이트하는 장면이 방송된 적이 있습니다. 이때 기안84 씨가 어색한 상황을 모면하고자 질문을 미리 종이에 적어 왔는데, 사람들은 그 모습에 박장대소했지만 저는 큰 감명을 받았습니다. 꼭 따라해 보시길 추천합니다. 상대방에 대한 예의입니다.

질문 개수에 제한을 두지 말고, 질문 리스트를 미리 만들어 보는 겁니다. 주제 하나당 에이포 용지 한 장 분량으로 가득 채워 보세요. 준비된 질문이 쌓이면 쌓일수록 대화에 자신감이 올라갈 겁니다.

그리고 그 질문을 가지고 꼭 스스로에게 질문하세요. 나라면 어떻게 답할지를 생각해 보는 겁니다. 나에게 어려운 질문이라면 상대에게도 어려운 질문입니다.

질문을 미리 준비하는 일이 왜 필수 훈련일까요? 왜 상대방에 대한 최소한의 예의일까요? 여러분이 평소 만나기 힘든 존경하는 위인이나 CEO, 좋아하는 연예인과 함께 식사할 기회가 주어진다면, 그때도 평소처럼 생각나는 대로 아무 말이나 할 건가요? 아무 준비 없이 갔다가는 떨려서 아무 말도 하지 못하고 밥만 먹고 돌아올 확률이 큽니다.

미리 질문을 생각해 둬야 합니다. 믿을 구석이 됩니다. 질문을 못했다고 할지라도 준비했다는 사실만으로 자신감 있게 대화할 수 있습니다.

자신감 있게 말하는 KEY POINT

육하원칙은 글이든, 말이든 어디에나 쓸모 있습니다. 대화가 막힐 때 육하원칙을 토대로 말해 보세요. 질문을 미리 적어 두는 것도 좋은 자세입니다. 질문 개수에 제한을 두지 말고, 질문 리스트를 미리 만들어 보세요.

어떤 질문에도
당황하지 않고 답하는 법

질문하는 법을 배웠으니 이번엔 답하는 법을 알아보겠습니다.

말에 자신감이 부족한 사람에겐 질문하기만큼 답하기 역시 부담스러운 말하기입니다. 질문의 의도에 맞게 답해야 한다는 생각과 잘 정리해서 알아듣기 쉽게 이야기해야 한다는 압박에 사로잡힙니다.

대화가 어렵고 힘들다는 이유로 평소 이야기를 오래 나누지 않거나 그 자리를 피하는 사람들은, 대개 사람들과 어떻게 소통하고 답해야 하는지 모릅니다. 스스로 말하고 답하는 데 한계를 느끼기에 이들의 말은 제한적이고 비슷해 보입니다. 말하는 사람도 듣는 사람도 즐겁게 대화하기 어렵죠. 점점 대화에 자신감이 떨어지는 악순환이 반복됩니다.

"어떤 질문에도 유창하게 답하고 싶습니다."

"질문을 받으면 어떻게 답해야 할지 모르겠습니다."

"매번 질문에 부담을 느끼다 보니 점점 말이 짧고 성의 없어집니다."

어떻게 훈련하고 개선할 수 있을까요? 말을 한다는 것은 시각을 넓히는 것이기도 합니다. 그래서 다양한 관점으로 말하는 것은 말하기에 도움을 줄 수 있습니다. 즉, 하나의 방향이 아닌 여러 방향으로 생각하고 사고할 수 있게 만듭니다. 똑같은 사건이라도 여러 관점으로 다양하게 답할 수 있다는 걸 배우면, 무슨 이야기든 자신감 있게 말할 수 있고 질문의 의도에 맞게 답도 잘 선택해서 말할 수 있습니다.

이야기의 3요소를 기억하라

인물, 사건, 배경을 기억하세요. 초등학교 때 배운 이야기의 3요소이기도 합니다. 말할 때 세 가지 요소를 모두 다뤄도 좋고, 하나씩 따로따로 이야기해도 좋습니다. 답변의 방향성을 넓히고 이야기를 풍성하게 표현하는 데 목적이 있습니다.

첫째, 인물을 중심으로 생각해 봅시다. 고려해야 하는 인물들을 나열해 보세요. 다음으로 떠올린 인물을 중심으로 질문을 구성하는 겁니다. 질문은 앞서 설명한 것과 같이 시점, 상황, 답변(질문)을 활용해 육하원칙으로 생각하세요. 좋은 질문이 좋은 답변을 만듭니다. 인물을 중심으로 생각하는 것만으로도 무궁무진하게 질문하고 답할 수 있습니다.

둘째, 배경입니다. 크게 장소, 시간으로 구분해 생각할 수 있습니다.

마지막, 사건입니다. 과거에 일어났던, 현재에 일어난, 미래에 일어날지도 모르는 사건을 중심으로 질문하고 답해 보는 겁니다.

상대가 어떤 관점으로 질문하는가도 중요하지만, 두루뭉술하게 혹은 광범위하게 질문을 받았더라도 인물, 배경, 사건을 중심으로 질문하며 답할 수 있습니다. 내가 대화의 주제를 선택하며 이야기해도 무방합니다. 즉, 내가 대화를 주도해 질문으로 답을 찾아가는 겁니다.

'시점'만 달라져도 더 풍성히 이야기할 수 있다

시점의 이동에 따른 답하기도 대화를 더 풍성하게 만들어 주는 좋은 말하기 방법입니다. 크게 1인칭, 2인칭, 3인칭으로 나눌 수 있습니다.

1인칭 시점으로 말할 때는 '말하는 이', 즉 '나'를 중심으로 말합니다. 나의 관점에서 내가 본 인물, 배경, 사건, 감정 등을 이야기하는 겁니다. 2인칭 시점으로 말할 때는 '듣는 이', 즉 '상대'를 고려하며 말합니다. 3인칭 시점으로 말할 때는 '제삼자'의 입장에서 말합니다.

대혁: "안녕 지수야? 연락 줘서 고마워. 너는(2인칭) 잘 지내고 있어?"

지수: "나는(1인칭) 잘 지내. 요즘 철수가(3인칭) 직장 일로 많이 힘든가 봐."

대혁: "나도 소식 들었어. 한 번 모여야 할 텐데. 다들 보고 싶다."

간단한 대화를 통해 시점의 차이를 확인해 봤습니다. 일상의 대화뿐만 아니라 공식적인 자리에서도 시점을 활용하면 더 입체적으로 나의 이야기를 전달할 수 있습니다.

예를 들어 면접에서 1인칭 시점으로만 자기를 소개하면 신빙성이 떨어지기 쉽습니다. 그러나 3인칭을 활용하면 문제를 보완할 수 있습니다. 대인관계 속의 나, 프로젝트 속의 나를 이야기하며 간접적으로 내가 어떤 사람인지 보여 줄 수 있습니다. 스스로 칭찬하는 것보다 제삼자에게 칭찬을 듣는 것이 더 신빙성이 있으니까요. 또 2인칭 시점으로 기업을 위해 내가 할 수 있는 일에 관해 이야기한다면, 자신감 있고 정리된 말로 자기를 어필할 수 있을 겁니다.

방법만 알면 질문도 답도 자신감 있게 할 수 있습니다. 지금 당장 이야기의 3요소와 시점을 활용한 말하기를 실천해 보시길 바랍니다.

자신감 있게 말하는 KEY POINT

이야기의 3요소와 시점을 활용하면 무슨 이야기든 자신감 있게 말할 수 있고 어려운 질문에도 쉽게 답할 수 있습니다.

무례한 사람과
웃으며 소통하는 법

무례한 말과 행동을 일삼는 사람들이 있습니다. 이들은 뻔뻔하고 당당한 태도로 자신이 아닌 상대에게 문제가 있다고 탓하기만 하죠. 어떻게든 이들과의 만남을 피하고자 애쓰지만 한계가 있습니다. 계속 얼굴을 봐야 하는 사람이라면 피하는 것은 상책이 될 수 없습니다. 우리는 이 무례함에 어떻게 대처할지에 대한 답을 찾아야 합니다.

무례한 사람들의 행동과 말에는 몇 가지 특징이 있습니다. 이들은 인신공격을 일삼고, 비난하기를 좋아하고, 실례되고 예의 없는 말로 사람들을 불편하게 만들고, 상대를 잘 무시하고, 사람들의 트집을 잡아 문제가 있는 사람으로 몰아갑니다. 이밖에도 무차별적으로 욕설을 퍼붓고,

자신의 부정적인 감정을 주변에 전달하고, 상대에게 상처가 될 수 있는 말을 아무렇지 않게 말합니다.

무례한 사람과 만나 이야기를 나누면 마음에 심한 상처를 입습니다. 그들에게 무능력한 사람으로 치부당하다 보면 자신감은 점점 떨어지고 그들 앞에서 주눅이 듭니다. 더 큰 문제는 무례한 사람의 말과 행동은 한 번으로 끝나지 않고 여러 번 지속된다는 점입니다. 상대가 허점이나 약점을 보이면, 짓누르며 자신의 힘을 더욱 과시하려 합니다. 자신이 우월하다는 점을 강조하며 그 힘으로 상대를 괴롭힙니다. 강약약강의 표본이라고 할 수 있죠. 이들과 소통하기란 매우 어려운 일입니다.

무례한 사람과 대화하는 법을 배우기 전, 한 가지 당부하고 싶습니다. 우리의 마음은 소중합니다. 어떤 경우라도 마음이 다치지 않아야 합니다. 그들을 바꾸려 노력하기보다 현명하게 대처하는 법을 알아 두는 편이 백배 낫습니다. 어떻게 현명하게 대처할 수 있을까요?

무례한 사람들의 말에 동조해 주기

"네, 맞습니다. 그러네요"라며 무조건 동의해 줍니다. 무례한 사람들은 대개 상대의 고통스러운 상황에 큰 자극을 받습니다. 한마디로 끝날 일인데 두세 마디를 덧붙이고, 잘못을 하나 목격하면 계속 색안경을 끼고 감시하는 등 필요 이상의 말과 행동을 일삼습니다.

보통 주변에서는 스트레스받지 말고 흘려 버리라고 말합니다. 하지만 말처럼 쉬운 일이 아닙니다. 귀가 열려 있으니 듣기 싫어도 들을 수밖에 없고, 들은 말은 마음에 남아 상처가 되죠.

무례함을 빠르게 잊는 방법이 있습니다. 바로 인정입니다. 그럴 땐 재빠르게 인정해 버리면 됩니다. 터무니없는 지적일지라도 인정해 버리세요. 당장은 자존심 상하고 힘들 수 있습니다. 하지만 자존심 지키려다 자존심보다 더 소중한 것을 놓치게 됩니다.

그들의 무례한 언행 중에서 나의 잘못과 개선점을 발견한다면 성장할 수 있는 좋은 기회입니다. 반면, 말도 안 되는 생트집을 잡는다면 빨리 인정해 버리고 치워 버리면 됩니다. 훗날 불필요한 시간과 마음을 쏟지 않았음에 감사하게 될 겁니다. 무례함에 휘둘려 감정을 쏟아 냈다면 그만큼의 상처와 고통까지 감수해야 했을 테니까요.

한편 무조건적인 동의가 무례한 사람을 더 무례하게 만드는 것은 아닌지 의심할 수 있습니다. 그러나 묻지도 따지지도 않고 바로 동의함으로써 상대의 입을 막을 수 있고, 스스로 자신의 언행을 돌아보는 계기를 제공할 수 있습니다.

무례한 사람에게 복수하는 방법이 하나 있습니다. 더 나은 사람이 되면 됩니다. 그때 자신이 무슨 말을 한 건가 싶게 만들면 됩니다. 지금 당장은 미운 놈 떡 하나 더 준다는 생각으로 그들의 말에 동의해 주세요. 그들의 무례함에 여러분의 소중한 시간과 마음을 쓰지 마세요.

무례한 질문은 답하지 말고 되물어 주기

상대의 무례한 말에 반대로 질문하세요. 되묻는 겁니다. 반박하는 태도가 아닌 의도를 묻는 자세를 취하세요. 그들의 무례함을 긍정적으로 해석하는 겁니다. 부정적으로 해석하면 남는 것이 아무것도 없습니다. 마음의 상처만 더 깊어질 뿐이죠.

단점도 장점으로 승화하는 사람, 힘들고 어려운 상황을 성장의 계기로 바꾸는 사람, 부정적인 상황도 긍정적으로 만드는 사람이 있습니다. 우리는 이들을 자존감이 높은 사람이라고 표현합니다. 마음가짐은 타고나는 것이 아닌 노력의 결과물입니다. 자존감이 높은 사람에게도 마음을 지키는 노력이 필요합니다.

타인의 무례함에 화가 나지 않는 사람도, 상처받지 않는 사람도 없습니다. 나에게 도움이 될지, 해가 될지는 내가 어떻게 받아들일 것인가의 선택에 달려 있습니다. 무례한 사람의 말이 도움이 되는 이야기라고 생각하고 역으로 질문해 보세요.

대신 한 가지를 추가합시다. 바로 일반화입니다. 주어진 상황을 일반화해 질문하세요. 그들의 잘못됨을 스스로 깨닫도록 우회적으로 표현하는 겁니다. 물론 자각하지 못해도 상관없습니다. 당신에게 아무런 상처도 영향도 주지 않는다는 걸 알려 주는 겁니다. 부정적인 태도로 서로 언쟁하는 것보다는 마무리를 선택하는 것이죠. 자연스럽게 거리를 두면 됩니다.

나를 함부로 대하고 이유없이 해를 입히는 사람에게서 더 이상 상처 받지 마세요. 모두 내 편으로 만들려고 노력하지도 마세요. 나의 자신감을 떨어트리는 사람들과 대화하기 위해 애쓰며 본인을 깎아 내리지 마세요. 말싸움하며 힘들어하지 마세요.

무례한 사람들과도 대화할 수 있을까?

앞으로도 계속 얼굴을 봐야 할 사이라면 어떻게 해야 할까요? 시간이 해결해 줄 수 없는 일이 있습니다. 누구도 해결해 줄 수 없는 상황이 있습니다. 내가 움직여야 합니다. 그때 아래의 네 가지를 참고해 주세요.

첫째, 분리된 공간에서 대화하세요. 대화할 수 있는 공간을 분리해야 합니다. 제삼자가 개입할 수 있는 공간은 안 됩니다. 또 분쟁이 있었거나 상처를 입었던 공간에서 벗어나야 합니다. 따로 만나 커피를 마시거나 음식을 먹으면서 이야기하세요. 직접 따로 만나자고 제안하기 어려운 상황이라면 다른 사람에게 부탁해 보세요. 그렇게라도 꼭 둘만의 공간과 시간을 만들어야 합니다. 둘이 따로 만나자고 한 순간부터 상대는 생각합니다. '왜 둘이 보자고 하지?' 자신을 한 번쯤 돌아볼 겁니다.

둘째, 정중히 사과와 감사를 표현하세요. 이유를 막론하고 따로 만나자고 한 것에 사과와 감사를 표현하는 겁니다. '나는 잘못한 것이 없는데 사과라니…'가 아닙니다. 준비해 온 이야기를 하기 전에 밑밥을 까는 겁니다. 지금부터 내가 하는 말이 아프고 힘들겠지만 견디고 들어야 한다는 명분을 만드는 것이죠.

셋째, 솔직하게 말하세요. 민망함을 무릅쓰고 최대한 솔직하게 전달해야 합니다. 단, 불필요한 욕설이나 반말로 상대의 기분을 상하게 하는 것은 금물입니다. 상대의 무례함에 대한 나의 어려움을 말하고 개선하기 위함이지, 상대를 기분 나쁘게 할 목적으로 마련한 자리가 아니라는 걸 명심하세요. 나의 어려움을 솔직하게 이야기하되 절대 웃으면 안 됩니다. 진지하게 이야기하세요. 오해의 여지를 만들지 마세요.

넷째, 용기가 나지 않는다면 전화로 이야기하세요. 단, 문자나 카톡은 절대 안 됩니다. 전화로 이야기를 마친 후에는 감사의 말로 마무리해 주시길 바랍니다.

이 같은 불편한 상황을 마주하는 일이란 말하는 이도 듣는 이도 쉽지 않습니다. 그러나 솔직하고 진심 어린 마음으로 다가간다면 상대도 그 마음을 이해할 겁니다.

자신감 있게 말하는 KEY POINT

상대의 무례함에 대응하는 말하기 비법은 진심을 전하는 겁니다. 그러나 가능하다면 상대의 무례함에 맞대응하지 않길 권장합니다.

언제 어디서나
유쾌하게 이야기하는 법

　재미있는 사람은 타고난다고 생각합니다. 입담과 센스는 돈을 주고도 살 수 없다고 생각하죠. 주옥 같은 애드리브로 분위기를 띄우는 사람, 어떤 말이든 맛깔나게 하는 사람의 말을 들으면 자괴감에 빠집니다. 저도 '태생이 안 웃기다', '매사에 진지하다'는 말을 수없이 들었습니다. 그런 제가 장담합니다. 여러분도 유쾌하게 대화할 수 있습니다.

　단, 유쾌함과 재미에 대한 목표를 세워야 합니다. 여러분은 개그맨처럼 웃기고 싶나요? 사람들을 배꼽 빠지게 웃기고 싶나요? 이는 여러분의 목표가 될 수 없습니다. 즐겁게 대화하기도 전부터 거대한 목표로 자신감을 떨어트리지 마세요. 부담을 내려놓으세요. 우리가 원하는 수준의 대화는 상대방과 공감하며 즐겁고 유쾌하게 이야기하는 정도입니다. 충분히 가능합니다.

재미있게 말하는 방법은 절대 한 가지로 정의될 수 없습니다. '재미있으려면 이렇게 말하세요'라고 단정 지을 수 없다는 것이죠. 몸 개그를 좋아하는 사람, 아재 개그를 좋아하는 사람, 논리적인 개그를 좋아하는 사람 등 다양합니다. 사람마다 추구하는 재미가 모두 다릅니다. 그러나 한 가지는 확실합니다. 모두 자신만의 개그 코드가 있다는 겁니다.

개인적으로 개그맨 이용진 씨의 개그를 좋아합니다. 이용진 씨 특유의 목소리 톤과 다양한 표정 변화, 뻔뻔함, 순발력 있는 애드리브가 너무 좋습니다. 이렇듯 내가 먼저 즐겁고 재밌어야 합니다. 상대가 어떤 유머를 좋아할지는 그 다음 문제입니다. 그리고 내가 어떤 웃음 포인트를 가지고 있고, 어떤 주제로 대화할 때 즐거운지를 파악해야 합니다. 억지스럽고 부자연스러운 언행은 대화의 분위기를 불편하게 만듭니다. 유쾌하고 재미있는 대화를 나누려면 내가 먼저 즐겁고 신나야 합니다.

머릿속 생각이 즐거워야 말하기도 재미있다

"사람들은 당신의 정상적이고 뛰어난 생각보다 당신의 미치고 엉뚱한 상상을 좋아할지 모른다."

제가 좋아하는 말입니다. 엉뚱한 상상을 시작해 봅시다. 정상적인 생각은 유머러스함을 방해합니다. 일반적인 사고에 갇히지 말고 다양하고 엉뚱한 상상을 해 보는 것이죠.

재미없게 말하는 사람은 모든 상황을 바르고 정직한 눈으로 바라봅니다. 사실만을 이야기하고 본인의 바른 생각을 말하는 데만 집중합니다. 〈그것이 알고 싶다〉, 〈100분 토론〉과 어울리는 자세입니다.

재미있고 즐겁게 생각하는 세 가지 방법을 소개합니다.

첫째, 내가 알고 있는 상황에 대입해 보세요. 현재의 상황과 잘 어울리는 다른 상황과 연결 지어 표현해 보세요.

둘째, 재미난 해석으로 바꿔 보세요. 심오할 필요 없습니다. 분위기를 잠깐 환기할 수 있는 정도면 충분합니다. 기존의 의미에서 벗어나 새롭게 해석해 보세요.

셋째, 인용과 예시를 적절히 활용해 보세요. 책이나 영화, 드라마, 이슈 등을 활용해 연관 지어 보세요.

당장은 어색하더라도 조금씩 늘려 가 주세요. 재미있는 상상은 반복되면 될수록 재미가 더해집니다. 반복할수록 타이밍이 정확해지고, 이야기의 맛이 더해지기 때문이죠.

유머도 노력하면 얻을 수 있다

개그맨 윤형빈 씨가 친한 개그맨 선배와 밥을 먹었는데 '역시 개그맨

이다!' 감탄할 정도로 재미있는 이야기를 들려줬답니다. 시간이 지나 다른 곳에서 선배의 이야기를 한 번 더 들었는데 놀랍게도 더 재밌더랍니다. 그 뒤로 여러 자리에서 그 이야기를 반복해 들었지만 들을 때마다 웃었다고 합니다. 그 선배는 개그계의 대부 이경규 씨입니다.

이야기를 반복해서 들었던 윤형빈 씨는 왜 지루함이 아닌 재미를 느꼈을까요? 보통 들었던 말을 또 들으면 재미가 없기 마련인데 말이죠. 그런데 더 재미있었다? 시간이 지날수록 유머가 자연스러워지고 더욱 재미있게 각색되었기 때문입니다.

이야기는 반복을 통해 자연스러워지고 재미있게 각색되면서 완벽해집니다. 처음엔 다소 어설플 수 있지만 계속해서 보완해 나가는 겁니다.

그럼에도 재미있게 말하기가 어려울 수 있습니다. 유머 코드를 찾지 못해 답답할 수도 있습니다. 그때는 세 가지를 꼭 버려야 합니다.

첫째, 표현의 한계를 버리세요. 시와 때마다 표정, 톤, 몸, 몸짓 등이 달라져야 합니다. 그때 전하고자 하는 말이 상대에게 명확히 전달되고, 당신은 자신감을 얻게 될 겁니다.

둘째, 지키고 싶은 이미지를 버리세요. 진중하고 멋스러운 모습이 아닌 인간미 넘치고 유머러스한 사람이 된다고 해서 호감이 비호감이 되지는 않습니다. 오히려 그 반대입니다.

셋째, 부담을 버리세요. 나는 모든 사람을 만족시킬 수 없습니다. 제가 사람들 앞에 설 때마다 항상 되뇌는 말이 있습니다.

'모두가 나를 좋아할 수 없다.'

모든 사람을 만족시키고 싶은 마음을 버리세요. 이 사실을 인정하면 어떤 말도 자신감 있게 할 수 있습니다.

또 재미에 대한 부담으로부터 해방될 때 대화가 즐거워질 수 있습니다. 재미있는 상상을 하고 재미있게 말하면서 스스로 대화의 즐거움을 느낄 수 있도록 격려하세요. 그것만으로도 충분합니다. 내가 먼저 즐겁게 말해야 대화가 유쾌해진다는 사실을 꼭 기억하세요.

자신감 있게 말하는 KEY POINT

모든 사람을 만족시키고 싶은 마음을 버리세요. 유머에 대한 부담에서 해방될 때 대화가 즐거워질 수 있습니다. 재미있는 상상을 하고 재미있게 말하면서 스스로 대화의 즐거움을 느낄 수 있도록 격려하세요.

자신감 있게 말하는 법
3

◆ 대화에 타고난 성격은 없다. 좋은 대화를 위한 좋은 습관만 존재한다. 상대방에게 호감을 표현하라. 자신의 이야기를 먼저 꺼내라. 편안함을 추구하며 대화하라.

◆ 육하원칙은 글이든 말이든 어디에나 쓸모 있다. 미리 질문을 찾아보고 육하원칙을 토대로 질문하라.

◆ 이야기의 3요소 인물, 사건, 배경을 기억하라. 이야기의 3요소만 잘 활용하면 무슨 이야기든 자신감 있게 말할 수 있고 어려운 질문에도 쉽게 답할 수 있다.

◆ 무례한 질문에는 답하지 말고 되물어 줘라. 상대의 무례함에 맞대응하지 마라.

◆ 즐겁게 생각하고, 즐겁게 말하라. 머릿속 생각이 즐거워야 말도 재미있게 할 수 있다. 유머도 노력하면 좋아질 수 있으니 포기하지 마라.

4장

사람들이 경청하는 말하기 기술

자신감 있게
발표하는 법

"말은 한 사람의 입에서 나오지만,
천 사람의 귀로 들어간다."

베를린 시청의 문구

발표를 잘하고 싶으면
자세를 다듬어라

좋은 발표자를 상상하면 어떤 모습이 떠오르나요? 저는 미소 띤 여유 있는 얼굴로 역동적으로 발표하는 모습이 떠오릅니다. 반대로 발표를 힘들어하는 사람은 표정에 여유가 없고 긴장된 자세로 이야기하죠. 발표 결과는 발표자의 모습만 봐도 알 수 있습니다. 아무리 좋은 내용일지라도 발표자에게 신뢰가 가지 않으면 집중력은 떨어질 수밖에 없죠.

'자세가 얼마나 중요하겠어'라고 생각하는 사람들에게 한 가지 사실을 전합니다. 자신감 없기 때문에 자신감 없는 자세가 나오는 게 아니라, 자신감 없는 자세가 자신감을 떨어트립니다. 자신이 어떤 자세를 취하고 있는가에 따라 마음가짐에 매우 큰 영향을 미치는 것이죠.

간단한 실험을 예로 들어 보겠습니다. 각기 다른 성향을 가진 10명의 참가자가 있습니다. 성격이 활기찬 사람부터 소극적인 사람, 리더십이 있는 사람, 조용한 사람 등 다양합니다. 그중 평소 활기차고 당당한 성격에 리드하길 좋아하는 사람에게 세 가지 사항을 제안합니다.

- 가장 끝에 서서 이야기할 것
- 다른 참가자가 말할 때 끼어들지 않고 듣기만 할 것
- 작은 목소리로 이야기할 것

결과가 궁금하지 않나요? 리드하길 좋아하는 참가자들은 처음엔 이같은 상황에 답답함을 느끼지만 갈수록 말수가 적어지고 점차 적응해나가는 모습을 보입니다. 단시간의 변화는 아닙니다. 반복되는 상황 속에서 행동에 자신감이 떨어지고 성향도 내성적으로 변한 것이죠.

반대로 소극적이고 리드당하길 좋아하는 참가자에게도 세 가지 사항을 제안합니다.

- 가운데 서서 이야기할 것
- 다른 참가자가 말할 때 중간중간 자신의 의견을 덧붙일 것
- 큰 목소리로 이야기할 것

결과는 예상한 대로입니다. 처음엔 힘들어하지만 금방 적응합니다. 자신의 의견을 말하는 일도 한결 편안해집니다. 사람들을 리드하는 일도 시간이 지날수록 자연스러워집니다.

발표를 잘하고 싶다면 발표를 잘하기 위한 자세를 만들어야 합니다. 능력을 갖춰야 자세가 따라오는 게 아니라, 자세를 갖췄을 때 마음가짐과 행동들이 뒤따라옵니다. 네 가지 자세만 명심하세요.

첫째, 웃으며 말하세요. 거울이나 셀프 카메라를 보면서 연습하세요.

둘째, 목소리를 키우고 정확하게 말하세요.

셋째, 어깨를 당당하게 펴고 눈을 바로 마주하세요.

넷째, 무대 중앙에 서세요. 발표의 주인은 나입니다.

같은 경험을 해도 어떤 자세를 취하느냐에 따라 의미가 달라집니다. 발표를 잘하고 싶으면 먼저 발표를 위한 자세를 만드시길 바랍니다. 여러분의 멋진 발표를 응원합니다.

자신감 있게 말하는 KEY POINT

발표를 잘하고 싶으면 발표를 위한 자세를 만들어야 합니다. 능력을 갖춰야 자세가 따라오는 게 아니라, 자세를 갖췄을 때 마음가짐과 행동들이 뒤따라옵니다.

성공적인 발표를 위한 주의 사항

발표, 프레젠테이션, 연설의 고수들은 어떻게 말하고 어떻게 준비할까요? 발표를 잘하고 싶으면 발표 잘하는 사람을 따라하세요. 닮고 싶은 모습을 분석하고 따라하는 것이 가장 쉽고 빠른 방법입니다.

CEO, 교수, 강사, 연예인 등을 포함해 발표 잘하는 사람들에게서 공통적인 말하기 특징을 발견할 수 있었습니다. 바로 전달력, 이해력, 해석력입니다. 구체적으로 살펴보겠습니다.

(1) 전달력

청중에게 잘 들리게 말하는 것은 발표에서 매우 중요한 요소입니다.

발표를 아무리 완벽하게 준비해도 제대로 전달하지 못하면 이도 저도 아닌 발표가 될 수 있습니다.

발표 내용만큼이나 어떻게 전달할지도 고민해야 합니다. 전달력을 높이는 요인으로 목소리, 제스처, 표정, 발표의 구성이 있습니다.

무엇보다 입을 크게 벌려 발표하는 것이 전달력을 높이는 가장 쉬운 방법입니다. 입을 크게 벌리면 소리 자체가 커지기도 하지만 모음을 정확하게 발음할 수 있습니다. 어떻게 해야 할지 모르겠다면 치아가 보이게 말한다고 생각하세요. 의식적으로 입을 벌리게 될 겁니다.

또 표정과 제스처 하나하나에 의미를 담아 발표하면, 신뢰를 넘어 메시지에 확신을 더할 수 있습니다. 발표를 잘하는 사람은 내용이 머릿속에 그려지도록 설명합니다. 전달하고자 하는 내용이 듣는 이들에게 떠올려질 수 있도록 적절한 표정과 제스처를 활용합니다. 쇼를 만든다고 생각해 보세요. 마치 춤을 추듯 말이에요.

마지막으로 발표의 구성을 고려해야 합니다. 같은 내용일지라도 어떤 순서로 발표를 전개하느냐에 따라 결과는 천차만별 달라질 겁니다.

(2) 이해력

발표자가 청중을 빠르고 정확하게 이해시키려면, 발표 내용에 대한 확실한 이해가 있어야 합니다. 배우는 사람이 가르치는 사람보다 뛰어날 수 없듯 말하는 사람보다 듣는 사람이 더 잘 이해할 수는 없습니다.

겉핥기식 발표는 허술할 수밖에 없습니다. 청중을 이해시키는 데 어려움을 겪고 있다면, 발표 내용을 정확히 이해했는지부터 돌아봐야 합니다. 갑작스러운 질문이 들어와도 답할 수 있을 정도여야 합니다.

내용을 다 이해하고 있다고 해서 설명을 잘하는 것은 아닙니다. 이해를 바탕으로 알기 쉽게 정리해 설명할 수 있어야 합니다. 청중을 이해시키는 말하기를 연습해야 합니다. 적절한 비유나 예시를 들어 설명하면 좋습니다. '가령', '예를 들어', '마치', '최근에' 등의 표현을 활용해 사례를 언급하며 발표를 이어 나가세요.

(3) 해석력

같은 내용일지라도 무엇에 중점을 두느냐에 따라 청중의 반응도 달라집니다. 발표자의 관점에 따라 해석이 달라지겠지만, 발표의 목적에 맞게 준비되어야 합니다. 전문성부터 재미, 감동, 지식 전달, 정보 공유까지 목적은 다양합니다.

지금까지 발표가 수월하지 못한 이유는 뚜렷한 목적과 나만의 해석이 없었기 때문입니다. 잘 준비해야 한다는 막연한 목표가 아닌 구체적인 목표를 세워 발표를 준비하고 자신의 관점으로 해석한 후 자신감 있게 전달하세요. 나의 해석이 곧 발표가 됩니다.

발표를 성공적으로 이끄는 사람들을 보면, 자신만의 뚜렷한 해석을 보여줌으로써 캐릭터를 각인시킵니다. 대단한 실력이 있어야만 자신만의 해석이 생기는 게 아닙니다.

발표의 주된 목적은 정보 전달이 아닙니다. 발표는 발표자의 메시지를 사람들에게 전달하는 시간입니다. 그러니 발표를 잘하고 싶다면 맞고 틀리고에 얽매이지 말고 청중에게 전하고자 하는 메시지를 잘 준비해서 자신감 있게 말하는 데만 집중하세요.

자신감 있게 말하는 KEY POINT

맞고 틀리고에 얽매이지 말고 청중에게 전달할 메시지가 잘 준비되는 일에만 집중하세요. 전달력, 이해력, 해석력을 바탕으로 발표를 준비해 보세요.

센스 있게
발표를 시작하는 법

발표를 어떻게 시작하고 있나요? 발표에는 '1분 법칙'이 있습니다. 첫 1분이 발표 전체 분위기를 좌우합니다.

발표를 고민하는 사람들은 대부분 첫마디를 어떻게 해야 할지 모르겠다고 어려움을 호소합니다. 첫마디는 발표에서 가장 중요한 요소이지만, 발표만의 문제는 아닙니다. 대화, 토론, 연설 등 모두 중요합니다.

어떤 말로 시작하느냐에 따라 전체 분위기가 달라지기 때문에 발표자 입장에서는 떨리고 긴장되지만, 듣는 사람 입장에서는 시작부터 실망하거나 지루해질 수도 있습니다. 지루함은 초반 집중력을 사로잡지 못해 발생하는 경우가 많습니다. 상대를 집중시키고 싶다면 다양한 방법으로 기대감과 호기심을 자극해야 합니다.

첫마디를 어떻게 시작하는지만 알아도, 어떤 상황에서도 당황하지 않고 자신감 있게 이야기할 수 있습니다. 간단함(Simple), 기대(Expectation), 숫자(Number), 변화(Shift), 감정(Emotion) 다섯 가지를 기억합시다. 이를 통해 본격적으로 나만의 센스 있는 발표법을 만들어 봅시다.

S. 간단하게 말하라

시작을 간단하게 하는 것만으로도 전체 구성이 깔끔해집니다. 또 간단해야 발표의 주제, 메시지가 명료하고 깔끔한 형태로 전달됩니다. 불필요한 말들도 가급적 생략하고, 상대가 한 번에 알아들을 수 있도록 구성해 봅시다.

"오늘 발표의 핵심은 ○○입니다."

E. 기대감을 심어 줘라

기대감을 활용할 줄 알아야 합니다. 발표의 이유와 목적을 새롭게 환기시켜 줄 때 발표에 집중할 확실한 동기부여가 됩니다. 그러므로 청중이 매력을 느낄 만한 사실을 고려해서 말할 때 발표를 성공적으로 마칠 수 있습니다.

"지금까지 우리는 ○○의 문제가 있었습니다. 지금부터 ○○을 해결할 수 있는 가장 쉽고 빠른 방법을 소개하고자 합니다."

N. 숫자를 활용하라

숫자는 사람들을 몰입시키는 효과가 있습니다. 숫자는 주의를 집중시키는 힘이 있습니다. 숫자를 활용하면, 설명하고자 하는 내용을 논리 정연하게 정리해 전달할 수 있습니다.

"☆☆이 잘된 비결을 세 가지로 소개하겠습니다."
"지난 1년의 발전과 함께 앞으로의 2021년을 정리해 보겠습니다."

S. 변화의 전과 후를 보여 줘라

변화는 늘 흥미롭습니다. 우리는 늘 삶에 있어 성장과 발전을 꿈꾸기 때문이죠. 초보이거나, 어려운 환경이거나, 콤플렉스가 있거나 등 어려움을 딛고 일어난 사례는 아주 매력적으로 다가옵니다. 발표를 시작할 때 변화의 전후 과정을 보여줌으로써 기대감을 높일 수 있습니다.

"내성적이고 낯을 많이 가리던 학생이 자신감 있게 말하면서 삶이 달라지기 시작했고 지금은 말하기 전문가로 활동 중입니다."

E. 감정을 표현하라

감정을 표현함으로써 사람들과 공감대를 형성할 수 있습니다. 공감대를 형성하고 감정을 이입시킴으로써 발표 내용의 이해력을 높일 수 있습니다. 초반에 감정을 잘 활용하면 흥미를 유발할 수 있습니다.

"지금도 ○○을 생각하면 가슴이 벅차오릅니다."

"앞으로가 너무 기대됩니다. 이 발표를 통해 여러분에게도 ☆☆에 대한 기대가 생길 것을 믿어 의심치 않습니다."

자신감 있게 말하는 KEY POINT

첫 1분이 발표 전체 분위기를 좌우합니다. S.E.N.S.E로 센스 있게 시작해 보세요.

한 번에 알아듣게
전달하는 법

본론을 어떻게 설명해야 할지 생각나지 않아 쓸데없는 말들을 반복할 때가 있습니다. 반대로 발표할 내용이 너무 많아서 설명에 치중하다 보면 발표 분위기가 무거워지고 지루해질 때도 있습니다.

본론을 발표할 때의 목표는 핵심을 전달하는 것입니다. 이때의 말하기는 발표 의도대로 잘 전달되고 있는가에 중점을 둬야 합니다. 그러나 핵심은커녕 의도를 벗어날 때가 많고, 청중을 제대로 이해시키지 못해 설명하는 데 어려움을 겪습니다.

말이 나오는 대로 막무가내로 말하기보다 목적에 맞게 말하는 법을 익히고 연습해야 합니다. 긴 본문을 잘 요약해서 알기 쉽게 재구성할 수 있고, 어려운 내용도 한 번에 알아들을 수 있도록 전달하는 데 도움이 되는 몇 가지 주의 사항을 살펴봅시다.

(1) 어려운 내용은 비유를 통해 설명하라

비유를 활용하면 어렵고 딱딱할 수 있는 내용도 한 번에 알아듣게 잘 전달할 수 있습니다. 머릿속에 그려지듯 이야기함으로써 집중력 있게 전달할 수 있습니다. 말이 길고 장황한 사람은 사실에만 충실합니다. 하지만 설명만 나열되면 흥미도, 이해도 함께 떨어질 수밖에 없습니다.

A: "발레를 하는 모습이 경직되지 않고 자연스러워 보입니다."

B: "발레를 하는 모습이 마치 나뭇잎이 자연스레 바람에 흩날리듯 가벼워 보입니다."

A는 칭찬인지 평가인지조차 파악이 어렵지만, B는 비유를 통해 생동감 있게 말을 전했습니다. '~같이', '~인 양', '~처럼', '~인 듯'을 넣어 자연스럽게 묘사해 보세요. 처음 쓰는 표현이라 부끄러울 수 있지만, 비유를 통해 적극적으로 말을 전달할 때 이야기를 듣는 상대도 나도 즐거운 대화의 분위기를 만끽할 수 있습니다.

그러나 설명 위주의 말은 길어지면 지루해질 수밖에 없습니다. 설명이 예측되기 때문입니다. 무미건조하게 흘러가는 느낌을 받게 되겠죠.

사실을 전달하는 것에만 급급해 설명만 길게 나열한다면 당신은 재미없는 사람이 될 수밖에 없습니다. 처음에는 조금 엉뚱하고 우스꽝스럽고 부끄럽더라도 비유를 활용한 표현을 늘려 가보세요. 말하기를 더욱 흥미롭게 전달할 수 있습니다.

(2) 사실 위주의 내용은 예시를 곁들여라

사실만 말하는 것보다 경험을 예를 들어 설명하면 이해의 폭을 넓힐 수 있습니다. 이때 상대가 공감하기 쉬운 예시를 선택해야 합니다. 대게 자신의 관점과 기준에서 말하는 실수를 저지릅니다. 목적이 있는 말은 자신이 아닌 상대의 입장을 고려해야 합니다. 남녀노소를 불문하고 누구나 공감할 수 있는 이야기가 좋습니다.

"로또 1등에 당첨될 확률은 8,145,060분의 1입니다. 로또뿐만 아니라 무엇에든 당첨될 확률은 이토록 희박합니다. 최근에 〈유희열의 스케치북〉에 사연을 썼는데 당첨됐습니다. 지금까지 사연을 두 번 썼는데 모두 당첨됐어요. 어마어마한 확률을 뚫고 제가 당첨된 것이겠죠?"

경험담은 신뢰성을 높이고 이야기에 집중시키는 힘이 있습니다. 단, 그때의 상황과 감정에 몰입해야 합니다. 아무리 오래 전 겪은 이야기일지라도 마치 그때 당시로 돌아간 것처럼 말해야 합니다. 듣는 사람은 생전 처음 듣는 이야기이기 때문입니다. 늘 처음 전하는 마음으로 몰입해 이야기해 보세요.

말이 두서없이 나올 때도 예를 들어 간단하게 정리할 수 있습니다. 말이 뒤죽박죽 나올지라도 마지막에 예시를 곁들여 마무리해 주세요. 또 내용이 어렵거나 이해하기 힘든 상황이라도 예시를 활용해 구체적으로 알려 주세요.

좋은 말하기란 멋지고 고급스러운 언어를 사용하는 말이 아닌 하고자 하는 말이 상대에게 잘 전달되고 이해되는 말입니다. 해당 분야에 종사하거나 관심 있는 사람 외에는 알아듣기 힘든 말하기라면 고쳐 나가기 위해 노력해야 합니다. 상대를 가르치는 듯한 수직적인 말투는 피해야 합니다. '무슨 말인지 모르겠어요?', '이해가 안 돼요?', '다시 말해 줘요?', '이것도 모르세요?'와 같이 상대를 비꼬거나 무시하는 말투는 피해야 합니다. 생각보다 자주 사용되는 말이니 주의하시길 바랍니다.

(3) 과정을 중심으로 정보를 전달하라

시간, 사건의 흐름에 따라 과정을 전달해야 합니다. 그러나 나열식 말하기는 피하는 것이 좋습니다. 나열식 말하기와 과정형 말하기의 큰 차이는 시간의 흐름입니다. 과정형 말하기의 장점은 시간의 흐름에 따라 연결되기 때문에 사람들이 이야기에 집중하기 쉽습니다. 즉, 과정이 이야기 중심이라면 나열은 정보 중심인 셈이죠.

시간의 흐름에 따라 내용을 전달하면 하나의 이야기로 과정을 설명하기 때문에 이해가 잘 됩니다. 드라마나 영화를 보는 것처럼 말입니다. 교육 방송 같이 사실만 가득 나열되면 지루할 수밖에 없는 것이죠. 과정 중심의 말하기는 모두에게 흥미롭습니다. 예를 들어 봅시다.

명량해전은 이순신 장군이 명량에서 울돌목의 특성을 이용해 전략을 펼쳐 조선을 승리로 이끈 전투입니다. "살고자 하면 죽을 것이요, 죽고자 하면 살 것이다"라는 말로 병사들의 두려움을 용기로 바꾸며 12척의 배로 133척의 배를 물리쳤습니다.

사실만 정리했기 때문에 흥미는 다소 떨어집니다. 정보 위주의 나열은 몰입감이 부족합니다. 이를 과정형 말하기로 바꿔 보겠습니다.

위기의 조선을 구하기 위해 이순신 장군은 명량으로 갑니다. 선조는 육군을 지원하라고 명령하지만 이순신 장군은 거절하며 "신에게는 아직 12척의 배가 남아 있습니다"라고 말합니다. 이순신 장군은 출전을 앞둔 병사들에게 "살고자 하면 죽을 것이고, 죽고자 하면 살 것이다"라고 말하며 그들의 두려움을 용기로 바꿉니다. 그렇게 명량해전에서 이순신 장군의 울돌목 전략은 12척의 배로 일본의 133척의 배를 제압하는 기적을 만들어 내며, 조선을 승리로 이끌고 조선의 역사를 뒤바꿉니다.

과정형 말하기의 장점은 시간의 흐름에 따라 연결되기 때문에 쉽게 집중할 수 있습니다. 다음 내용이 어떻게 전개될지에 대한 호기심, 기대감, 몰입감을 줍니다.

'처음/중간/끝', '과거/현재/미래', '아침/점심/저녁', '봄/여름/가을/겨울', '1분기/2분기/3분기/4분기'로 시간을 나눠 설명한다면 논리정연하게 말할 수 있습니다. '과거/현재/미래' 시간 순으로 말하고 싶다면, 아래와 같이 이야기할 수 있겠죠.

"과거에는 말하기가 어렵게만 느껴졌습니다. 자신감도 없었고 사람들 앞에 서서 이야기한다는 자체가 두려웠죠. 이런 고민을 사람들에게 나눠 본 적도 없습니다. 지금은 자신감이 생겨 저의 생각을 당당하게 이야기할 수 있습니다. 훗날, 말하기를 어려워하는 사람들을 위해 저의 시행착오와 노하우를 공유하고 싶습니다. '나도 했으니 너도 할 수 있다'는 희망을 전하고 싶습니다."

시간의 흐름에 따라 깔끔하게 연결됨을 볼 수 있습니다. 듣는 사람도 시간의 흐름에 따라 내용을 쉽게 이해할 수 있습니다.

이처럼 시간의 흐름을 따른 말하기는 말하는 사람도 듣는 사람도 함께 집중할 수 있는 좋은 말하기 기술입니다.

⑷ 강조하고 싶은 내용은 비교와 대조를 활용하라

비교와 대조는 말하기의 핵심을 강조하고 듣는 이의 이해를 돕는 데 탁월한 기술입니다. 공통점, 차이점, 반대점 등 여러 사항을 한 번에 제시함으로써 내용을 쉽게 파악할 수 있도록 돕는 데 장점이 있습니다.

비교를 활용한 예를 살펴보겠습니다.

A: "이 기회는 꼭 잡아야 해. 인생에 다시 찾아오지 않을 절호의 찬스야."

B: "이 기회는 꼭 잡아야 해. 네가 대기업 취업에서 한 번에 합격한 것과 같아. 나한테는 다시 오지 않을 절호의 찬스라고!"

A는 중요한 기회라고만 말합니다. 얼마나 중요한 일인지는 어렴풋이 짐작만 할 뿐 공감하기는 어렵습니다. B는 상대가 이해할 수 있도록 비교하며 자신의 상황을 설명합니다.

이처럼 말을 잘하는 사람들은 공감 포인트를 활용해 이야기합니다. 자신의 말이 무슨 의미인지 이해할 수 있도록 상대를 배려합니다.

대조를 활용한 예를 살펴보겠습니다.

C: "크게 말하세요. 자신감 있게 표현해야 합니다."

D: "일주일 동안 하루 5시간씩 준비하고 작은 목소리로 의기소침하게 발표한 사람과 발표 전날 2시간 준비하고 큰 목소리로 자신감 있게 발표

한 사람 중 누가 더 발표를 잘했을까요? 안 봐도 뻔합니다. 크게 말하세요. 자신감 있게 말하세요."

C는 어떤 말을 하고 싶은지 이해는 갑니다. 그러나 이 말만 듣고 실천하지는 않을 것 같습니다. 설득력이 없는 것이죠. D는 대조를 활용했습니다. 훨씬 설득력이 있습니다.

이처럼 설득을 잘하는 사람은 차이점을 잘 활용합니다. 무조건 강조하지 않고 차이를 극명하게 제시함으로써 듣는 이들을 자극합니다.

앞서 소개한 비유, 예시, 과정, 비교, 대조는 보기엔 쉽게 보일지 몰라도 막상 말하기에 실천하려 하면 쉽지 않을 것입니다. 표현해 본 적이 없기 때문에 그렇습니다. 그래서 어떻게 시작해야 할지 감을 잡지 못하는 것이죠.

한 가지만 기억하면 됩니다. 바로 표현력입니다. 모두 공감할 수 있는 이야기와 상황에 맞는 표현을 늘려 가기 위해 노력해야 합니다.

표현력을 키우려면 감정이나 생각을 입 밖으로 꺼내야 합니다. 입으로 말하기 위해 노력하지 않으면 당연히 어색할 수밖에 없습니다. 혼자 공원을 산책하다가 꽃을 보고 속으로만 아름답다고 생각하는 것이 아니라 "꽃이 너무 아름답다. 색깔이 너무 화려하다. 꽃을 보니까 기분이 너무 좋다"라고 말해 보는 것이죠.

생각과 감정이 말로 표현될 때 나의 표현으로 적립됩니다. 그러니 나의 생각과 감정을 꾸준히 표현하시길 바랍니다.

자신감 있게 말하는 KEY POINT

발표할 때 어려운 내용은 비유로, 사실 위주의 내용은 예시를 곁들여 설명해 보세요. 정보는 과정 중심으로 전달하면 청중의 이해도가 확 높아집니다. 강조하고 싶은 내용은 비교와 대조를 활용해 보세요.

깔끔하게
발표를 마무리하는 법

깔끔하게 발표를 마무리하려면 요약을 잘해야 합니다. 발표를 끝맺는 일이 어려운 사람들은, 어떤 말로 마무리해야 할지 몰라서 대충 말을 흐리거나 황급히 말을 생략합니다. 그러다 보니 듣는 사람 입장에서는 발표자의 말이 자신감 없어 보이고, 전달하고 싶은 말이 무엇인지 파악하기 어렵습니다.

발표를 시작할 때 발표 주제에 대한 호기심과 기대를 심어 줬다면, 발표를 마무리할 때는 호기심과 기대에 확신을 더해 줘야 합니다. 발표의 처음과 중간이 아무리 좋았어도 끝을 흐지부지해 버리면 성공적으로 발표를 마무리할 수 없습니다.

깔끔하게 발표를 마무리 짓는 세 가지 방법을 소개하겠습니다.

(1) 한 줄로 요약하기

한 줄로 요약하세요. 나만의 정의로 마무리해도 좋고, 모두 알고 있는 유명한 말도 좋습니다. 명언, 격언, 사자성어, 속담 등을 활용해도 좋습니다. 진부하다고 생각하지 마세요. 발표 내용을 잘 함축한 표현이라면 오래된 말들도 특별해질 수 있습니다. 한마디로 정의한다고 생각하고 요약해 보세요. 자신감 있게 발표를 마무리할 수 있습니다.

- (위기가 기회가 된 이야기) "태풍이 불면 어떤 이는 담을 쌓고, 어떤 이는 풍차를 만듭니다. 위기일지 기회일지는 내 선택입니다."
- (언택트 시대에 관한 이야기) "많은 사람이 일자리를 잃었습니다. 모두 경제적으로 힘든 시기이지만 지금의 변화는 또 다른 시작이 될 수 있습니다. 새롭게 도약할 시점입니다."

(2) 느낀 점을 이야기하기

나만의 솔직한 생각과 감정으로 마무리해 보세요. 아무리 같은 내용을 전달할지라도 사람마다 느낀 점은 모두 다릅니다. 내가 느낀 점을 솔직하게 이야기하며 청중과 공감대를 형성해 보세요. 좋은 말하기는 혼자만 생각하고 이해하는 말하기가 아닌 함께 나누고 호흡할 수 있는 말하기입니다. 자신의 표현을 부끄럽고 창피하게 여기는 이유는 자신의 생각과 말을 온전히 신뢰하지 못하기 때문입니다. 자신을 믿고 자신감 있게 솔직하게 표현해 보세요.

- (부지런한 삶에 관한 이야기) "다시 돌아오지 않을 오늘 하루를 나는 얼마나 최선을 다해 살았는가 돌아봤습니다."
- (실수가 도움이 된 이야기) "인생사 새옹지마입니다. 모든 일에는 다 이유가 있습니다."

(3) 목적을 말하기

내가 말을 꺼낸 이유로 발표를 마무리해 보세요. 목적 없이 말할 때도 있지만 사실 그마저도 목적이 존재하는 법입니다. 내 생각을 밖으로 표출하고 싶고, 내 생각을 말로 표현하고 싶은 것이죠. 우리의 뇌는 말할 때 확실하게 명렬합니다. 뇌에서 최초에 전달하려고 한 말의 목적, 즉 어떤 생각과 감정으로 말했는지 시작에 집중해 보는 겁니다. 고로 내가 말을 꺼낸 목적이 곧 결론이 됩니다.

- (아이디어를 실현한 사람들에 관한 이야기) "깨달음은 새로운 시도를 향해 나아가는 원동력이 됩니다. 하지만 행동으로 옮기지 않으면 깨달음은 잠시 머물다 간 바람에 지나지 않습니다. 바로 시작해야 합니다."

- (갈등하는 사람들에게 전하는 말) "자신만을 위해 내린 선택이 옳다고 생각합니다. 그 길이 자신을 위한 가장 좋은 길이지 않을까요?"

마무리는 발표의 성패를 좌우하는 중요한 부분입니다. 그러나 아쉽게도 이를 모르고 지나쳐 안타까운 실수를 범합니다. 앞서 열심히 준비하고 발표했음에도 불구하고 이 노력들이 무색할 정도로 힘을 빼다 보니 말하기가 아쉽게 끝나는 것이죠.

도착 지점이 보인다고 힘을 빼는 것이 아니라 마지막 순간까지 없는 힘마저 쥐어짜야 합니다. 달리기 선수가 0.001초라도 단축해 보기 위해 마지막 힘을 내 고개를 앞으로 내밀려는 강한 투지처럼 말이죠. 시작이 아무리 참신해도 마무리에 힘을 뺀다면 의미가 없습니다. 모든 말하기의 평가는 마무리에 이뤄집니다. 끝까지 힘내 주세요.

자신감 있게 말하는 KEY POINT

깔끔하게 발표를 마무리하고 싶다면 한 줄 요약, 느낀 점 전달, 목적 말하기 세 가지만 기억하세요.

자신감 있게 말하는 법
4

◆ 발표를 위한 자세를 갖춰라. 능력을 갖춰야 자세가 따라오는 게 아니다. 자세를 갖출 때 마음가짐과 행동이 뒤따라오는 것이다.

◆ 전달력, 이해력, 해석력을 바탕으로 발표 메시지를 정리하는 데 집중하라.

◆ S. E. N. S. E로 센스 있게 발표하라. 간단하게 말하라. 기대감을 심어 줘라. 숫자를 활용하라. 변화의 전후를 보여 줘라. 감정을 표현하라.

◆ 한 번에 알아듣게 전달하라. 어려운 내용은 비유를 통해 설명하라. 사실 위주의 내용은 예시를 곁들여라. 과정을 중심으로 정보를 전달하라. 강조하고 싶은 내용은 비교와 대조를 활용하라.

◆ 한 줄로 요약하라. 느낀 점을 말하라. 목적을 말하라.

5장

설득력, 전달력, 논리력을 한 번에!

토론&회의할 때
유용한 말하기 꿀팁

"부드러운 말로 상대를 설득하지 못하는 사람은,
위엄 있는 말로도 설득하지 못한다."

안톤 체호프

나만의 생각과 주장을
미리 준비하라

주눅 들지 않고 자신감 있게 말하려면 평소에 어떤 훈련을 하면 좋을까요? 토론을 추천하고 싶습니다. 토론이란 한 가지 주제를 가지고 찬성과 반대로 나뉘어 서로의 주장을 논리적으로 펼쳐 나가는 말하기입니다. 찬반을 나누지 않고 하나의 주제에 관해 자유롭게 의견을 나누는 토론도 있습니다.

토론은 자신의 의견을 논리적으로 주장해야 하므로 말에 대한 확신과 자신감이 꼭 필요합니다. 따라서 토론을 준비하는 사람뿐만 아니라 회의나 토의에서 말할 기회가 많은 사람에게도 토론식 말하기는 매우 큰 도움이 됩니다.

토론할 때는 두 가지 사항을 염두에 두고 노력해야 합니다.

(1) 주관적 판단으로 소신 있게 말하라

토론에 참여하면 순간순간 선택을 내려야 합니다. 머릿속에 떠오르는 여러 생각 중 무엇을 말할지, 어떻게 표현할지, 설득력을 높이려면 어떤 어휘를 써야 할지 등 끊임없이 선택의 기로에 놓입니다.

자신의 의견에 완성도를 높이려면 신중하면서도 단호한 선택이 필요합니다. 이러한 선택들은 말하기 자신감을 높이는 데 매우 큰 도움이 됩니다. 주관적 판단을 늘리기 위해서는 무엇을 해야 할까요? 평소 생각하고 말하는 습관을 길러야 합니다.

저는 4년째 독서 토론 모임을 운영하고 있습니다. 많은 사람이 토론할 때 의견을 말하는 걸 부끄러워했습니다. 독서 토론에 대한 경험이 있는 사람을 제외하곤 책에 대한 의견을 이야기해 본 경험이 많지 않다 보니 어떻게 말해야 할지 몰라 어색하고 긴장된 탓에 생각이 뒤죽박죽되어 말하기를 중도 포기하거나 대충 마무리해 버렸습니다.

이 같은 상황을 개선하고자 저는 독서 분위기를 즐겁게 만들기 위해 노력했습니다. 자신의 생각을 말하는 일이 결코 어려운 일이 아니며 자연스럽게 즐길 수 있다는 걸 보여 주기 위해서 말입니다. 덕분에 전보다 부담감 없이 훨씬 자연스러운 분위기에서 토론할 수 있게 되었습니다.

생각하고 말하는 것은 지극히 자연스러운 일입니다. 내 생각을 쉽게 꺼내고 즐겁게 토론할 수 있는 시간을 만들어 보세요. 말을 정리하고 멋스럽게 말하는 일은 그 다음의 문제입니다.

최근 읽은 책, 기사, 논문 그리고 사회적 이슈에 대한 생각을 먼저 나눠 보세요. 주관적인 생각을 거침없이 이야기해 보세요. 가족, 친구들과 일상의 대화 속에서 충분히 훈련하고 연습하다 보면, 언제 어디서나 자신감 있게 말할 수 있을 겁니다.

(2) 유연하게 사고하라

토론과 대화의 가장 큰 차이는 의견을 나누는가 주장하는가에 있습니다. 대화가 서로의 생각을 나누는 것이라면, 토론은 서로의 주장을 받아들이거나 반박하며 논쟁하는 것이죠.

여기서 자신의 주장을 상대에게 주입하고 관철하려는 주관적이고 이기적인 사고를 주의해야 합니다. 자신의 의견을 소신 있게 제시하는 주관적 판단과 달리, 이기적인 사고는 자신의 입장에서만 생각하고 판단하는 것을 말합니다. 토론에서 매우 위험한 태도입니다.

자신의 생각에만 갇혀 있지 않도록 유연한 사고가 필요합니다. 전체적인 사실과 상황을 받아들이고 생각하는 태도가 필요하죠. 하지만 생각처럼 쉽지 않습니다. 특히 내가 정한 답이 있거나 올바르다고 생각하는 것이 있을 때 그 생각에 갇혀 버리게 되죠.

서로 자유롭게 의견을 나눌 때 피해야 할 몇 가지 태도가 있습니다.

- 자신의 말이 모두 맞다고 주장하는 태도
- 상대의 의견에 무조건 반박하는 태도
- 모르는 것도 아는 것처럼 말하는 태도
- 자기중심적인 태도

이런 태도에서 벗어나려면 어떻게 해야 할까요? 타인의 관점으로 해석할 줄 아는 유연한 사고가 필요합니다. 특히 나와 반대되는 생각을 존중하기 위해 노력해 보는 겁니다. 점차 자기중심적인 사고에서 벗어나 전체를 아우를 수 있는 사고가 가능해집니다.

만약 'SNS 중독이 미치는 영향?'에 대해 이야기할 때 부정적인 입장이라면 상대적 박탈감, 악플로 인한 정신적인 스트레스, 자극적인 콘텐츠에 무방비 노출 등 여러 문제를 전할 수 있습니다. 그러나 SNS를 즐기고 활용할 줄 아는 사람 입장에서는 학업, 업무 및 일상의 스트레스 극복, 새로운 정보, 소식 입수, 지인들 근황 열람, 빠른 소통, 새로운 친구 관계 형성 등 여러 장점을 이야기할 수 있겠죠.

모든 상황에는 일장일단이 있고, 찬반이 있습니다. 모든 의견을 받아들이고 수용하는 자세를 겸비한다면 더욱 완성된 형태로 자신감 있게 말할 수 있습니다. 또한 신념, 사상, 종교, 정치 등 입장 차이가 확실해 서로에게 예민할 수 있는 문제, 오해를 살 만한 상황을 미연에 방지할 수 있습니다. 설령 실수가 있어도 유연하게 대처할 수 있습니다. 단, 모든 일을 자신이 다 꿰뚫고 있다는 태도를 취해서는 안 됩니다.

모든 상황을 포괄할 수 있는 유연한 생각과 자신의 생각을 소신 있게 주장하며 자신감 있게 말하세요. '생각은 유연하게 말하기는 즐겁게' 말입니다.

자신감 있게 말하는 KEY POINT

토론은 자신의 의견을 논리적으로 주장해야 하므로 말에 대한 확신과 자신감이 꼭 필요합니다. 주관적 판단으로 소신 있게 의견을 말할 줄 알고, 유연한 사고로 자기 생각뿐만 아니라 상대의 의견까지 존중할 줄 아는 태도를 갖춰야 합니다.

상대의 말을
잘 이해하는 기술

"히어(hear)와 리슨(listen)의 차이를 아십니까?"

말하기 강의에서 듣기의 중요성을 언급하기 위해 수강생들에게 항상 하는 말입니다. 저도 차이를 처음 접했을 때 꽤나 충격을 받았습니다. 제게는 두 단어 모두 그저 듣는 것이었습니다. 그러나 두 단어 사이에는 큰 차이가 존재했습니다.

바로 '귀 기울이는'이 아닌 태도의 차이입니다. 히어(hear)는 의지와 상관없이 들리는 거고, 리슨(listen)은 (의지를 가지고) 귀 기울여 듣는 겁니다. '지금껏 상대의 말을 이해하기 어려웠던 이유는 그냥 듣기만 해서가 아닐까?' 하고 스스로를 돌아보며 '들린다고 해서 다 듣는 게 아니었구나' 깨달았습니다.

토론이나 회의뿐만 아니라 평소에 대화할 때도 상대의 말을 잘 알아듣지 못하거나 이해력이 부족하다고 고민하는 사람이 많습니다. 단순히 본인의 이해력이 부족하기 때문이라고만 생각합니다. 언어를 사용하는 데 어려움이 없다면, 이해력의 문제만은 아닙니다. 상대의 말을 어떻게 듣고 있는지 스스로의 자세를 돌아봐야 합니다.

여러분은 아래의 여덟 가지 항목 중 전자와 후자 중 어느 쪽에 속하는지 한번 체크해 보시길 바랍니다.

① 들리는 것 vs. 주의 깊게 듣는 것

② 몰라서 지루한 것 vs. 알려고 듣는 것

③ 관심 없이 듣는 것 vs. 관심을 가지고 듣는 것

④ 다른 생각을 하며 듣는 것 vs. 온전히 집중해서 듣는 것

⑤ 내가 할 말을 생각하며 듣는 것 vs. 상대의 말에 심취해 듣는 것

⑥ 의무적으로 리액션하며 듣는 것 vs. 진심으로 리액션하며 듣는 것

⑦ 가만히 듣기만 하는 것 vs. 쓰면서 듣는 것

⑧ 멍하니 보면서 듣는 것 vs. 따라하면서 듣는 것

전자에 해당하는 편이라면 여러분의 듣기 자세를 고쳐 나가시길 바

랍니다. 상대의 말을 잘 듣고 이해하고 싶다면 후자와 같은 태도를 늘려 나가야 합니다. 위의 여덟 가지 항목을 보며 깊이 생각해 보고 점검해 보시길 바랍니다. 그리고 아직 노력해 보지 않은 항목이 있다면 꼭 하나 씩 실천해 보길 바랍니다.

스스로 당연시하는 점에, 인식하지도 못하는 것에 문제가 있을 수 있 습니다. 그러니 더는 방관하고 회피하지 말고 말하기뿐만 아니라 듣기 역시 고쳐 나갑시다. 이 같은 노력이 모여 자신감 있는 말하기가 완성되 는 겁니다.

자신감 있게 말하는 KEY POINT

이해력이 부족하다면 상대의 말을 어떻게 듣고 있는지 스스로의 자세를 돌아봐야 합니다. 더는 방관하지 말고 말하기뿐만 아니라 듣기 역시 고쳐 나갑시다. 이 같은 노력이 모여 자신감 있는 말하기가 완성되는 겁니다.

5가지 기본 구성으로 논리정연하게 말하는 법

토론이나 회의에서 왜 말하기가 어렵게 느껴질까요? 대화하듯 말을 주고받을 수 없고 혼자서 말을 이어 나가야 하는 책임이 있기 때문입니다. 자신의 주장을 논리정연하게 구성해 전달해야 할 뿐만 아니라, 준비한 내용을 빠짐없이 전달해야 하고, 예기치 못한 상황에도 적절히 대처해야 하기 때문입니다.

지금부터 말하기의 다섯 가지 기본 구성을 살펴보며 말하기에 자신감을 더해 나갑시다. 이 기본 구성만 잘 알아도 토론이나 회의같이 혼자말해야 하는 상황에서 떨지 않고 자신감 있게 말할 수 있습니다.

(1) 주제를 말하라

시작할 때 핵심 주제를 말해야 합니다. 어떤 메시지를 전하고 싶은지 이야기하는 것이죠. 주제를 전달할 때는 꼭 간결해야 합니다.

시작이 길어지면 전체적으로 지루해지기 때문에 간결하게 정리해서 한 문장으로 말해 주는 것이 좋습니다. 가능하다면 전체 내용을 한 번 요약해 줘도 좋습니다. 하지만 초반부터 너무 부담을 느낄 필요는 없습니다. 요약에 치중하다 보면 시작조차 못할 수 있기 때문에 그렇습니다. 간결해야 한다는 점만 기억해 둡시다.

(2) 이유를 설명하라

왜 그렇게 말했는지 이유를 설명해 줍시다. 정답만 이야기하고 이유를 설명하지 않으면 계속 반문당할 수 있습니다.

짧더라도 가급적 이유를 설명하는 것이 좋습니다. 전체 토론, 회의 시간을 줄이기 위해서라도 하는 것이 좋습니다. 주제를 언급한 후에 왜 그 주제인지 이유를 설명하는 것은 본론으로 들어가기 전 배경지식을 쌓는 과정입니다. 처음과 중간 내용의 다리 역할을 해 줍니다.

(3) 사례를 들어라

모든 말하기의 성패는 사례에 달려 있습니다. 주제를 언급했고 그 주제에 대한 이유를 말했다면, 그 이유에 대한 확실한 근거이자 본론을 보여 줘야 합니다. 주제와 이유에 합당한 사례를 잘 들어야 하는 것이죠.

사례를 들어 말하기가 어렵다면 이야기의 3요소, 즉 인물, 사건, 배경을 중심으로 말해 보기를 추천합니다. 인물은 누가 등장하는지, 배경은 시간과 장소로 나눠서 언제 어디인지, 사건은 무슨 일이고 어떤 결과인지 이야기하는 겁니다.

사례를 들 때는 직접 겪은 이야기를 하는 것이 좋습니다. 자신의 경험을 이야기할 때 가장 잘 말할 수 있습니다. 물론 보고 듣고 느낀 경험들도 좋습니다. 누군가의 경험을 간접적으로 체험해 보는 것도 좋습니다.

(4) 느끼고 깨달은 점을 말하라

느낀 점이라고 거창할 필요는 없습니다. 경험한 후의 생각이나 느낌, 남는 것, 얻은 것, 변화된 것 등 나만의 해석을 말하면 됩니다. 억지로 느낌을 쥐어짤 필요는 없습니다. 꼭 뭔가를 남겨야만 경험은 아니죠. 때문에 느낀 점은 말하기의 필수 조건이 아닌 선택 사항입니다.

느낀 점은, 마무리할 때 앞뒤 내용을 자연스럽게 연결시켜 줍니다. 그래서 어떻게 결론을 내릴지 준비하지 않으면 '어쨌든', '아무튼', '그래서', '그냥' 등의 말로 얼렁뚱땅 끝내 버릴 수밖에 없습니다. 느낀 점은 끝을 확실하게 정리해 주는 역할을 합니다. 따라서 갑작스러운 상황, 긴장된 상황, 대답하기 힘든 상황에서도 자연스럽게 의미를 부여하고 정리할 수 있도록 돕습니다. 그러므로 느낀 점을 말하는 습관을 스스로 길들여야 합니다. 생각을 자주 정리하다 보면 언제 어디서나 자신감 있게 마무리할 수 있는 말하기 실력을 갖출 겁니다.

(5) 결론을 지어라

마침표를 잘 찍어야 합니다. 결론만 잘 지어도 앞의 실수를 만회할 수 있습니다. 결론을 내릴 때 네 가지가 큰 도움이 될 겁니다.

첫째, 반복입니다. 앞서 언급한 주제를 한 번 더 반복해 말하기를 마무리해 줍니다. 반복은 주제를 강조할 때 아주 좋은 방법으로, 무엇을 강조하고 싶은지 정확하게 짚어 주는 말하기 기술입니다.

둘째, 요약입니다. 앞서 이야기한 내용이 두 가지 이상이라면 내용의 주제만 한 번 더 정리해 줍니다. 듣는 사람의 기억에는 한계가 있습니다. 따라서 중요한 것들을 요약해서 다시 한 번 언급하며 마무리해 주는 겁니다. 전반적으로 말이 길어질 때 사용하면 좋습니다.

셋째, 느낀 점입니다. 무엇을 느끼고 남기고 얻고 변화될 수 있는지에 관해 이야기하며 마무리합니다. 이때 느낀 점이 사례에 비해 너무 많아도, 너무 적어도 안 됩니다.

마지막, 강한 인상입니다. 강연의 마지막에 항상 명언, 격언과 같은 큰 울림을 주는 말들이 등장하는 이유입니다. 꼭 멋스러운 말이 아니어도 좋습니다. 꼭 기억하길 바라는 한마디의 말로 마무리해도 좋습니다.

일상적으로 말할 때도 말하기의 다섯 가지 기본 구성이 적용됩니다.

"김치찌개 먹고 왔어(주제). 집 앞에 새로 생겼거든(이유). 얼마 전에 친구가 김치찌개 먹고 싶다고 하길래 친구도 같이 갔는데 너무 맛있다며 인생 맛집이라고 극찬했어(사례). 또 생각나서 먹고 왔는데, 혼자 먹어도 진짜 맛있었어(느낀 점). 너도 김치찌개 좋아하면 한 번 먹어 봐(결론)."

너무 과하다고 느껴지나요? 물론 모든 말하기가 길면 과하다고 느낄수 있습니다. 상황에 따라 적절히 사용해야 하는 센스가 필요합니다. 다섯 가지 기본 구성을 의식해 말하다 보면, 우물쭈물하지 않고 자신감 있는 날이 더 많아질 겁니다. 어렵고 번거롭더라도 의식적으로 사용해 보세요. 다섯 가지 기본 구성으로 자신감 있게 말해 보세요.

자신감 있게 말하는 KEY POINT

다섯 가지 기본 구성으로 말하면, 우물쭈물하지 않고 자신감 있게 말할 수 있습니다. 번거롭더라도 의식적으로 사용해 보세요. 이 구성만 잘 알아도 토론이나 회의 같은 혼자 말해야 하는 상황에서 자신감 있게 말할 수 있습니다.

숫자로
말의 설득력을 높여라

여러 가지를 한 번에 잘 전달하고 싶은데 말이 정리되지 않을 때가 있습니다. 토론이나 회의를 할 경우에는 다양한 주제로 이야기하기 때문에 머릿속이 뒤죽박죽되거나 중간에 할 말을 잊어 버리거나 전체 순서가 헷갈리기도 합니다.

"하고 싶은 말은 많은데 정돈되지 않을 때는 어떻게 하나요?"
"쓸데없이 말이 길어지고 핵심이 없습니다."
"말로 잘 설득해 보고 싶습니다."

같은 말을 해도 말을 잘하는 사람은 깔끔하고 논리정연하게 말합니다. 말에 설득력이 있어 듣는 사람의 마음을 사로잡습니다.

숫자를 활용하면 하고 싶은 말을 일목요연하게 할 수 있습니다. 이유는 크게 두 가지입니다.

(1) 머릿속에 각인시킬 수 있다

숫자로 정리해서 말하면 전달하고자 하는 내용의 핵심만 전달할 수 있습니다. 틀이 없는 말은 하나의 묶음처럼 느껴지지만 숫자는 명확히 짚어 주기 때문에 한 번 들으면 기억하기 쉽습니다.

단, 두세 가지로 정리할 것을 추천합니다. 네 가지 이상 넘어가면 사람들이 잘 기억하지 못할 뿐만 아니라 말이 점점 길어지고 장황해질 수 있기 때문입니다.

(2) 논리정연하게 설득할 수 있다

토론은 정해진 시간 안에 명확한 근거를 바탕으로 상대를 설득시킬 수 있어야 합니다. 따라서 말이 너무 길어도 짧아도 안 됩니다. 그래서 시간을 잘 분배해야 합니다. 이때 숫자를 활용해 정리하면 도움을 얻을 수 있습니다.

또 숫자를 활용하면 각각의 내용 사이마다 개연성이 필요 없기 때문에 말과 내용을 연결해야 한다는 부담을 덜 수 있습니다.

만약 내용을 정리하지 않고 구구절절 말하기만 한다면 숫자를 활용해 얻는 전달력은 누릴 수 없을 겁니다.

당장은 숫자로 구성하는 일이 딱딱하고 인위적으로 느껴질 수 있습니다. 그러나 숫자를 활용해 내용을 구분 짓는 말하기 연습을 지속하다 보면, 말에 논리력과 설득력, 전달력이 자연스레 높아질 겁니다. 또 사람들이 당신의 말에 주의를 집중할 뿐만 아니라 전보다 자신감 있게 말하는 자신을 발견할 겁니다.

자신감 있게 말하는 KEY POINT

숫자를 활용해 내용을 구분 짓는 연습을 지속하면, 말에 논리력과 설득력, 전달력이 자연스레 높아집니다. 또 사람들이 당신의 말에 주의를 집중할 수 있습니다.

자신감 있게 말하는 법
5

◆ 생각과 주장을 사람들에게 전달할 때는 유연한 사고를 가지고 주관적 판단으로 소신 있게 말하라.

◆ 히어(hear)와 리슨(listen)의 차이를 구분하라. 상대의 말에 귀를 기울여라.

◆ 다섯 가지 기본 구성으로 논리정연하게 말하라. 주제를 말하라. 이유를 설명하라. 사례를 들어라. 느끼고 깨달은 점을 말하라. 결론을 지어라.

◆ 숫자를 활용하면, 일목요연하게 설명할 수 있고, 오래 기억에 남게 할 수 있고, 명확하게 상대를 설득할 수 있다.

6장

당신의 말은
더 좋아질 수 있다

스피치로 완성되는
당신의 말하기

"진정한 웅변은,

필요한 말을 전부 말하지 않고,

필요치 않은 것은 일체 말하지 않는 것."

라 로슈푸코

어떻게 하면
말하기가 익숙해질까?

말하기에 대한 어색함과 두려움에서 해방됩시다. 어떻게 해야 말하기와 친해질 수 있을까요? 친구와 친해질 때를 생각해 보세요. 자주 보고 대화를 나눠야 친해집니다. 물론 자주 본다고 모두와 친구가 되는 건 아닙니다. 공감대가 생길 때 급속도로 가까워집니다. 그러다 보면 친구에 관해 더 알고 싶어집니다.

말하기도 마찬가지입니다. 일단 많이 말해야 말하기와 친해질 수 있습니다. 처음은 어색하고 불편할 수 있습니다. 그러나 한 번 물꼬가 트이면 말하기는 급속도로 성장하게 됩니다.

보통, 어색한 친구와 더 가까워지지 못하는 이유는 나와 맞지 않다고 여기거나 관심이 없기 때문이라고 생각합니다. 하지만 그 생각은 잘못됐습니다. 공통분모를 찾기 위해 노력하지 않았고 관심을 미리 차단했기 때문에 어색한 관계에 머무를 수밖에 없는 겁니다.

말하기 역시 그렇습니다. 딱히 생각이 없거나 아는 것이 없어서 말을 못하는 것이 아닙니다. 지금껏 말하기 위해 노력하지 않아서 말하기가 어렵고 어색한 것뿐입니다. 말하지 않으니 생각도 적어지는 겁니다. 말을 해야 생각도 늘어날 수 있습니다.

어떻게 말하기와 친해질 수 있을까요? 나만의 말하기 방식을 확립해야 합니다. 자신만의 말하기 패턴이 생기고 자주 쓰는 단어가 늘어나면서 말하기 실력이 자연스레 향상됩니다.

말하기를 연습할 수 있는 좋은 방법을 소개하겠습니다. '아무 말 대잔치'를 펼치며 떠오르는 대로 말해 보는 겁니다. 한 가지 주제를 정해 아무 말이나 해 봅시다. 말이 정확하지 않아도 상관없습니다. 머릿속 생각을 그대로 말한다고 생각하세요. 쉴 틈 없이 말을 이어 가야 합니다. 생각을 바로 입 밖으로 꺼내는 것이 중요합니다.

생각을 바로 말하기 어려운 이유는 스스로 할 말과 하지 않을 말을 정해 놓았기 때문입니다. 나와 어울리지 않는 말, 입 밖으로 꺼내기 어색한 표현들은 일체 사용하지 않는 셈이죠. 거침없이 남김 없이 표현해 보세요. 말 그대로 아무 말 대잔치입니다. 처음에는 30초를 목표로 하세요. 주제와 상관없는 말이어도 처음에는 시간을 채우는 데 의미를 두세요. 그 다음 1분, 3분, 5분, 10분 조금씩 늘려가는 겁니다.

연습할 때 녹음하길 권장합니다. 오글거려도 꼭 들어 봐야 합니다. 녹음 파일을 들으며 자신의 말하기 습관을 점검하고 분석하는 시간을 따로 가져야 합니다. 두세 번 반복하다 보면 부끄러움은 사라지고 문제점들이 보이기 시작합니다. 같은 실수를 되풀이 하지 않고, 조금씩 변화하는 것에 목표를 두고 연습하세요. 나를 가장 잘 아는 사람은 나 자신입니다. 누구보다 자신의 문제를 잘 알고 있습니다.

아무 말 대잔치 훈련은 의식의 흐름에 따라 즉흥적으로 말하기 때문에 구성과 논리가 부족할 수 있습니다. 무의식 상태에서는 자신이 어떤 말들을 자주 사용하는지 파악하고, 의식을 가지고 할 경우 어떻게 이야기할지 생각해 보세요. 또 짧은 어휘력, 부족한 논리, 부정확한 발음, 잦은 습관어 사용 등 자신의 말하기를 꼭 한 번 인지해 보세요. 자신감 없던 제가 자신감 있게 말하는 데 큰 도움을 얻은 훈련입니다.

자신감 있게 말하는 KEY POINT

일단 많이 말해야 합니다. '아무 말 대잔치'를 펼치며 떠오르는 대로 말해 봅시다. 거침없이 남김 없이 표현하세요. 그리고 녹음하세요. 녹음 후에는 자신의 짧은 어휘력, 부족한 논리, 부정확한 발음, 잦은 습관어 등 보완될 점들을 파악해 보세요.

말을 정리하는 적당한 타이밍

"말이 느린 편이라 듣는 사람들이 답답해합니다."

"너무 빨리 답하다 보니 실수가 잦아요."

"얼마나 생각하고 답해야 하는지 잘 모르겠어요."

얼마나 생각하고 대답해야 할까요? 대부분 질문을 받으면 바로 답을 해야 한다고 생각합니다. 그로 인해 말할 타이밍을 강박처럼 느끼는 사람이 많습니다. 바로 답하지 못하면 말을 못하는 사람이 된다고 생각합니다. 하지만 빠르게 답하는 것만이 정답은 아닙니다. 답변의 종류에 따라 말할 타이밍이 다양해질 수 있습니다.

시간을 두고 여유롭게 생각한 후 말해야 하는 질문이 있습니다. 이때는 빨리 답변하면, 상대가 무례하다고 느낄 수 있습니다. 깊이 고민하고 답해야 할 때는 넉넉하게 시간을 가지고 생각해야 합니다.

상대에게 생각할 시간을 줄 수 있는지 양해를 구하는 것도 좋은 방법입니다. 이 같은 부탁은 상대를 곤란하게 만드는 일이 아니라 오히려 적극적으로 배려하는 일입니다. 애써 서두르거나 조급하게 생각하지 말고, 언제 말하면 좋을지 또 어떻게 답하면 좋을지 생각해 보세요.

답에 대한 확신이 있다면, 그때는 거침없이 재빠르게 말하세요. 1초만에 머릿속에 떠오른 말에는 분명 이유가 있습니다. 이때는 자신을 믿고 자신감 있게 확신을 가지고 말해야 합니다.

자연스럽게 생각의 시간을 조절할 수 있는 사람이 되고 싶나요? 나만의 호흡으로 편안한 대화를 만들어 가고 싶나요? 나의 생각이 말로 정리되는 적당한 타이밍을 고려하세요. 그 타이밍에 맞게 자신의 말하기를 조절해 보세요. 사람과 주변 눈치를 보지 않고 자신감 있게 말할 수 있을 겁니다.

자신감 있게 말하는 KEY POINT

나의 생각이 말로 정리되는 적당한 타이밍을 고려하세요. 그 타이밍에 맞게 말하세요. 조급할 필요 없습니다.

말하기 속도를
조절하는 법

많은 사람이 말할 때 속도의 중요성을 간과합니다. 어떤 사람은 상대방이 알아듣지도 못할 정도로 빠르게 말하고, 어떤 사람은 듣는 사람들의 집중력을 떨어트릴 정도로 너무 느리게 말합니다. 하지만 정작 본인은 그런 문제가 있다는 사실조차 알지 못합니다.

빨리 말하는 사람들의 말은 듣는 내내 정신이 없고, 무슨 말을 하는지 이해하기가 어렵습니다. 발음이 정확하고 전달력이 좋은 사람일지라도 말이 빨라지면, 듣는 사람 입장에서는 무슨 말을 하는지 알아듣기 어렵고 많은 이야기를 들었다 한들 기억에 남는 내용이 별로 없습니다.

그런가 하면, 느리게 말하는 사람의 말은 듣는 내내 지루합니다. 주된 내용을 듣기도 전에 지쳐 버리고 답답함을 느끼게 됩니다.

하지만 두 가지 상황 모두 속도만 잘 조절하면 문제를 개선할 수 있습니다. 제가 직접 경험하고 터득한 말하기 속도 조절법을 소개합니다.

(1) 평균속도를 찾기

평균속도를 찾기가 어렵다면, 최소 다섯 명에서 최대 열 명 말하기를 라인업 해 두세요. 내 주변 지인도 좋고 연예인도 괜찮습니다. 그중 말하는 속도가 중간인 사람을 선정합니다. 그 사람이 내가 좇아야 할 평균속도입니다. 단순한가요? 이 정도만 해도 충분합니다. 여기서는 나의 말하기 속도를 파악하고 인지하는 일이 더 중요합니다.

(2) 평균속도를 기준으로 느리게, 빠르게 말하는 연습하기

평균속도와 비슷해지면 그보다 두 배 느리게, 두 배 빠르게 말해 보세요. 그리고 이를 적절히 활용해 말하기에 적용해 보세요. 말하기에서 중요하다고 생각하는 부분은 느리게 말하고, 나머지는 자연스럽되 빠르게 말하면 됩니다.

말의 속도를 조절함으로써 집중력을 높일 수 있습니다. 중요한 부분은 단어로 구성하고 느리게 말할 때 그 의미를 더욱 강조할 수 있습니다. 단어만 정확히 말해도 이해도가 확 높아집니다. 즉, 내가 전달하고 싶은 부분을 강조해서 전달할 수 있는 것이죠.

밀고 당기듯 풀고 조이며 속도를 조절해 보시길 바랍니다. 말의 속도를 느리게 하며 목소리에 힘을 주고 정확히 발음하면, 강조하려는 내용을 더더욱 강조해서 전달할 수 있습니다.

가령 돌발 상황이 발생했을 때 말을 느리게 하면서 생각할 시간을 충분히 버는 것이죠. 실수가 아닌 듯 자연스럽게 넘어 가는 겁니다. 그리고 돌발 상황이 마무리되면 다시 빠르게 말함으로써 속도의 균형을 골고루 맞춰 나가면 됩니다.

자신감 있게 말하는 KEY POINT

말의 속도를 조절함으로써 집중력을 높일 수 있습니다.
중요한 내용은 단어로 말하세요. 이해도가 확 높아집니다.
강조하고 싶은 내용은 느리게 말하세요.

말의 길이를
자유자재로 조정하는 법

적당한 말의 길이란 무엇일까요? 어떻게 그 적당함을 알 수 있을까요? 말을 듣는 이의 마음이 편안한 정도가 그 기준이 될 겁니다. 말하는 동안 더 말해야 한다거나 더 들어야 한다는 불편함 없이 서로 자연스럽게 이야기하려면 말의 길이 역시 고려해야 할 중요한 요소입니다.

아무리 좋은 말이어도 너무 짧으면 무성의해 보이고 대화가 단절됩니다. 반대로 너무 길면 듣는 사람도 말하는 사람도 부담스럽습니다.

하고 싶은 말을 딱 두세 줄로 이야기해 보세요. 그래야 너무 짧지도 너무 길지도 않게 말하는 습관을 기를 수 있습니다.

첫 줄에는 하고자 하는 말의 핵심이 나와야 합니다. 그래야 말이 장황해지는 것을 미연에 방지할 수 있습니다. 장황하게 혹은 두서없이 말할 때가 많다면, 말의 시작이 길었을 확률이 높습니다. 시작이 길어지면 뒷부분에 나올 말 역시 장황해집니다. 특히 '~했고', '~해서', '~는데' 와 같이 문장을 이어 가려는 표현을 주의하세요.

그다음 이어지는 말은 핵심에 대한 부연 설명만 간략히 하면 됩니다. 주어, 목적어가 각각 하나씩 있는 깔끔한 한 문장으로 마무리해 주세요.

그러나 너무 핵심만 딱 말하는 사람은 자칫 성의 없는 사람으로, 정 없는 사람으로 비춰질 수 있습니다. 또 어떤 말을 하고 싶은지 명확하게 전달되지 않을 우려가 있습니다. 그러므로 이해하기 어려운 내용이라면 부연 설명이 좀 길더라도 몇 줄 더 추가해서 말하도록 합시다. 그 외에는 두세 줄로 간단명료히 말하는 습관을 들이세요. 적당한 길이의 말은 자신감 있어 보이고 핵심만 정리해서 전달할 수 있습니다.

이 훈련을 반복하다 보면 생각을 정리하는 기술 또한 향상됩니다. 꼭 해야 할 말을 두세 줄로 요약해서 말해야 하기 때문입니다. 그 과정에서 필요 없는 문장은 정리되고 중요한 문장만 남게 됩니다.

자신감 있게 말하는 KEY POINT

두세 줄로 말하는 습관을 들이세요. 적당한 길이의 말은 자신감 있어 보일 뿐만 아니라 핵심만 정리해서 전달할 수 있도록 돕습니다. 이 과정에서 필요 없는 문장은 정리되고 중요한 문장만 남습니다.

말의 유연성을
키우는 법

"그… 어… 뭐라고 하지?"

"음… 저… 그러니까… 그러니까… 막… 막 있잖아."

평상시 말이 뚝뚝 끊어지고 할 말이 생각나지 않아 어떤 말을 해야 할지 막막하다면, 말하기의 유연성이 필요합니다.

말하기의 유연성이 부족한 사람은 대게 생각이 밖으로 나오지 못하고 머릿속에서만 맴도는 경우가 많습니다. 어떻게 시작하고 마무리해야 할지 갈피를 잡지 못하거나 특정 단어가 기억나지 않는 경우가 일반적입니다. 유연성을 높이는 저만의 훈련법이 두 가지 있습니다.

(1) 한 호흡으로 길게 말하기

한 호흡 챌린지를 소개합니다. 한 숨에 한 번도 틀리지 않고 길게 말을 이어 가는 챌린지입니다. 틱톡과 유튜브에서 많은 관심과 사랑을 받은 챌린지로, 많은 분이 함께 참여해 줬습니다. 틱톡에서 소개한 방법은 재미를 더하기 위해 한 호흡으로 얼마나 길게 말할 수 있는지에 대한 챌린지였습니다. 아래의 말을 한 호흡으로 말해 보세요.

"안녕하십니까. 지금부터 한 호흡으로 한 글자도 틀리지 않고 정확하게 말하기 챌린지를 시작하겠습니다. 도대체 이걸 왜 하느냐. 이렇게 하면 말하기의 유연성을 키울 수 있기 때문입니다. 말하기의 유연성이란 말을 버벅거리지 않고 자연스럽고도 유연하게 구사하는 능력을 일컫는데요. 보통 말을 잘하는 사람들이 말하기의 유연성이 좋습니다. 그리고 호흡이 길어지면 길어질수록 안정감 있는 목소리도 낼 수가 있습니다. 여러분도 도전해 보시길 바랍니다. 지금까지 한 호흡 챌린지였습니다. 감사합니다."

쉽지 않죠? 호흡이 길고 발음이 정확하고 말하기를 빠르게 구사할 수 있는 사람만 가능한 훈련입니다. 한 호흡 챌린지는 호흡, 발음, 말하기의 유연성을 함께 연습하기에 매우 탁월한 훈련입니다. 책을 소리 내어 읽어도 좋습니다. 한 번에 쭉 이어 말해 보는 것이죠. 한 호흡 챌린지처럼 무리할 필요는 없습니다.

보통 말할 때 빠르게 반복해서 호흡합니다. 그로 인해 말하기가 불필요하게 자주 끊어지고 연결성이 결여됩니다. 말하다가 호흡이 부족할 때는 갑자기 숨쉬지 말고, 마침표나 쉼표에서 호흡해 주면 좋습니다. 그렇게 하면 호흡을 연결해 말을 이어 나갈 수 있습니다. 성우들도 연기할 때 감정을 이어 가기 위해 긴 호흡법을 활용한다고 합니다.

또 유의할 점은 틀리지 않아야 합니다. 책을 소리 내어 읽을 때 말을 버벅이고, 말이 끊기고, 분위기가 딱딱하게 굳는 문제들이 발생할 수 있습니다. 이런 문제를 극복해 나가려면 천천히 읽되 소리를 정확히 내야 합니다. 여기서 천천히란 딱딱하게 끊지 않고 자연스럽게 소리 내어 읽는 것을 말합니다. 최대한 여유 있게 말해 보세요. 훨씬 수월하게 읽을 수 있을 겁니다.

(2) 라디오 DJ처럼 말하기

오늘부터 라디오를 즐겨 듣길 바랍니다. 말하기의 좋은 점들을 무료로 배울 수 있습니다. 라디오 DJ를 롤 모델 삼고 모방해 보기를 추천합니다. 매끄러운 진행 실력, 대본을 자신의 말로 풀어 내는 유연함, 사연에 대한 공감력, 현장 상황에 대처하는 순발력까지 자신감 있게 말하기 위해 필요한 모든 것을 그대로 다 갖추고 있습니다.

라디오는 시청 시간대와 채널의 콘셉트에 맞게 진행되기 때문에 말하기 스타일 또한 다양합니다. 밝고 유쾌한 분위기, 감성적이고 편안한 분위기, 차분하고 따뜻한 분위기 등 자신이 원하는 말하기 분위기에 맞춰 듣고 따라해 볼 수 있습니다. 365일 매일 들을 수 있다는 장점도 있습니다. 홈페이지에서 재방송도 들을 수 있기 때문에 반복해서 듣고 연습할 수 있습니다.

가능하다면 한두 가지 프로그램을 반복해서 청취하길 바랍니다. 아무리 배울 점이 많아도 사공이 많으면 배가 산으로 갑니다. 모방하고 싶은 라디오 DJ를 한두 명 선정해 말하기를 연습해 보세요. 연습하는 재미뿐만 아니라 듣는 재미도 쏠쏠합니다.

자신감 있게 말하는 KEY POINT

한 호흡 챌린지는 호흡, 발음, 말하기의 유연성을 함께 연습하기에 매우 탁월한 훈련입니다. 책을 소리 내어 읽어도 좋습니다. 라디오 DJ를 한두 명 선정해서 그들의 말하기를 모방하는 법도 말의 유연성을 높이는 데 효과적인 방법 중 하나입니다.

자신감 있게 말하는 법
6

◆ 일단 거침없이 말하라. 그리고 녹음하라. 녹음 파일을 들으며 어떤 점이 보완되면 좋을지 파악하라.

◆ 나의 생각이 말로 정리되는 적당한 타이밍을 고려하라. 그 타이밍에 맞게 말하라.

◆ 말의 속도를 조절하라.

◆ 하고 싶은 말은 두세 줄로 요약해서 말하라. 핵심만 전달하라.

◆ 한 호흡 챌린지로 호흡, 발음, 말하기의 유연성을 훈련하라. 책을 소리 내어 읽어도 좋다. 라디오 DJ들의 말하기를 모방하는 것도 좋은 방법이다.

7장

이것만 실천하면
말하기 고민 끝!

자신감이 생기는
7가지 말 습관

"우리가 반복해서 하는 행동이 바로 우리다.
그러므로 탁월함이란, 행동이 아니라 습관이다."

아리스토텔레스

습관 ①
큰 목소리로 잘 들리게 말하기
큰 목소리 효과

말하기나 웅변 학원에서는 목소리를 크게 하고 발음을 정확히 하는 것을 중요하게 가르칩니다. 큰 목소리로 잘 들리게 말하면 당당해 보일 뿐만 아니라 상대에게 신뢰감도 줄 수 있고, 전달력 면에서도 도움이 되기 때문이죠.

그러므로 자신감 있게 말하고 싶으면 먼저 목소리를 키워야 합니다. 자신감 없는 사람은 목소리가 작고 의기소침합니다. 자신의 말하기에 확신이 없으므로 말하는 내용이 상대에게 잘 전달되든 말든 신경 쓰지 않는 겁니다.

목소리가 크다고 모두 자신감 있다고 말할 수는 없습니다. 자신감 없는 모습을 들키지 않기 위해 일부러 크게 말할 수도 있으니까요. 그러나 자신감 있는 사람은 목소리에서 당당함이 묻어납니다. 당당해지기 위한 노력이 나를 더 당당한 사람으로 만듭니다.

국민 MC 유재석 씨 목소리는 어떻게 생각하나요? 유재석 씨의 목소리를 나쁘다고 생각하는 사람은 없을 겁니다. 오히려 목소리가 좋다고 말하는 사람이 많을 겁니다. 바로 이 점에 주목해야 합니다.

옥구슬 굴러가는 목소리만, 중저음의 부드러운 목소리만, 선천적으로 타고난 목소리만 좋은 목소리가 아닙니다. 꼭 성우처럼 멋지고 아름다운 목소리를 가져야만 좋은 목소리가 아니란 말입니다.

듣기 편안하고 당당하고 전달력 있게 말한다면 좋은 목소리입니다. 짜증 섞이고, 힘없고, 화난 목소리를 선호하는 사람은 없습니다.

자신감 있게 말할 때 정확한 발음과 힘 있는 목소리가 나옵니다.

유재석 씨는 정확한 표준어 사용과 발음을 구사하기 위해 꾸준히 노력하며 사람들에게 수많은 극찬을 받았는데요. 이처럼 자신감 있게 말함으로써 시청자들로 하여금 프로그램을 더 즐겁게 시청할 수 있도록 돕는 것이죠.

영화에서나 들릴 법한 목소리를 가져야만 좋은 목소리가 아닙니다. 밝고 즐거운 마음으로 말을 정확하게 말할 때 좋은 목소리가 나옵니다. 누구나 좋은 목소리를 가지고 있습니다. 오늘부터 의식적으로 내가 가진 좋은 목소리를 사람들에게 자신감 있게 들려주세요.

자신감 있게 말하는 KEY POINT

목소리에서 힘이 나옵니다. 목소리가 자신감입니다. 자신감 있게 크게 말하세요. 의식적으로 큰 목소리로 말하세요. 모두 집중할 수 있도록!

습관 ②
일단 마음 가는 대로 말하기
정면돌파 작전

착하다는 말을 자주 듣나요? 상대의 의견에 무조건 따르는 편인가요? 혹시 거절하기가 어렵나요? 저는 착하다는 말을 자주 듣고, 상대의 의견을 무조건 따르며, 거절 또한 잘 못하는 사람이었습니다. 소위 말해 '착한 사람 콤플렉스'를 앓았습니다. 다른 사람에게 착한 사람이 되느라 제 자신에게는 소홀했고 말하기는 전보다 더 어려워졌습니다.

그러나 남이 아닌 스스로에게 착하고 좋은 사람이 돼야 한다는 사실을 깨달았습니다. 나를 최우선으로 생각하며 말하기 시작했고, 점차 말하기에 자신감이 생겼습니다. 나를 최우선으로 생각하며 말하는 습관을 형성하기 위해 세 가지 사항을 실천했습니다.

(1) 나를 위해 선택하라

남들 의견만 따르지 말고 내가 하고 싶은 것, 내가 좋아하는 것을 선택합시다. 식사 메뉴, 가고 싶은 여행지, 취미, 운동 등 내가 원하는 것을 상대에게 자신감 있게 말하세요. "난 짜장면 먹을래", "다음 일정이 있어서 안 될 거 같아" 하고 자신감 있게 말하세요. 나를 위한 선택과 말하기를 늘려 나가세요.

(2) 확실히 거절하라

자신감을 갖기 이전에 나를 먼저 존중할 수 있어야 합니다. 더 이상 성격을 핑계 삼지 마세요. 표현은 성격이 아닌 도구입니다. 도구를 쓰느냐 쓰지 않느냐의 차이입니다. "죄송하지만 지금 시간이 안 됩니다", "미안하지만 도와줄 수 없습니다"라고 거절하면 됩니다. '한 번만 더 참자', '안 보면 그만이지 뭐' 하는 생각으로 대충 넘어가지 마세요.

(3) 당당하게 부탁하라

부탁은 나쁜 게 아닙니다. "이 일을 함께할 수 있을까요?", "괜찮으시다면 제가 처리해도 괜찮을까요?"라고 예의를 갖춰 부탁해 보세요. 남에게 폐를 끼치기 싫다는 생각에 내가 모든 일을 끌어안다 보면, 정말 부탁이 필요한 순간에도 부탁하지 못하게 됩니다. 그러니 미안해하지 말고 자신감 있게 부탁해 보세요.

나의 말에만 집중합니다. 분위기를 파악하고 센스 있게 말하기는 다음 문제입니다. 먼저 나의 생각과 필요를 상대에게 전달하고 말하는 연습이 필요합니다. 잘해야 할 때가 아닌 그냥 해야 할 때입니다. 말하지 않으면 말은 늘지 않습니다.

말을 아끼는 게 잘못은 아닙니다. 하지만 할 말을 못할 만큼 아낄 필요는 없습니다. 부디 남보다 나에게 좋은 사람이 되기를 바랍니다. 하루에 한 번 나를 위해 선택하고, 거절하고, 부탁하기를 각각 한 번씩 실천해 봅시다.

자신감 있게 말하는 KEY POINT

무엇이든 나를 위해 말해 보세요. 그 다음에 선택하고 거절하고 부탁하세요.

습관 ③
불편함을 당연하게 여기기
성장통 효과

자신감 있게 말을 잘하는 주변 친구들을 보며 종종 생각했습니다.

'어떻게 말을 저렇게 편하게 잘할 수 있지?'
'어려운 말도 어떻게 저렇게 쉽게 하지?'
'나도 저렇게 여유롭게 이야기하고 싶다.'

지금은 이 생각이 매우 어리석다는 걸 잘 알고 있습니다. 이전에는 여유로운 한때를 보내는 호수 위의 백조를 동경하는 마음이었죠. 물속에서 열심히 발길질하는 백조의 발을 본 적이 없기 때문입니다. 말 잘하는 사람 역시 겉보기엔 편안해 보이지만, 그들의 말 속에는 큰 불편을 감수한 노력이 숨어 있었습니다. 이렇듯 불편을 감수해야 비로소 편안해질 수 있습니다.

말하기가 편안해지고 싶다면 불편해져야 합니다. 지금 내 말하기를 불편하게 만드는 상황들을 종이에 적어 보세요. 뭐부터 어떻게 적어야 할지 모르겠다면 상상만으로 민망한 상황, 죽어도 하기 싫은 일들, 피곤하고 불편한 상황들을 생각해 봅시다.

그리고 불편한 지점들을 찾아봅시다. 사람 많은 데서 발표하기, 손들고 질문하기, 모르는 사람에게 이야기하기, 대화를 주도적으로 이끌어 보기, 내 기분 솔직하게 꺼내기, 큰 목소리로 주문하기, 자신감 있게 재미있는 이야기해 보기 등등 불편함을 실천해 봅시다.

시작은 누구에게나 어렵고 귀찮은 일입니다. 그럼에도 내딛는 첫 발에는 수많은 내적 갈등과 더 나은 말하기를 위한 의지가 있고, 불편한 상황이지만 큰 마음먹고 내린 결단도 있을 겁니다.

운동선수들은 왜 고강도 훈련을 통해 끊임없이 몸을 혹사시킬까요? 고강도 훈련을 잘 마치면 실력이 더 좋아질 뿐만 아니라 시합에서 실력을 제대로 발휘할 수 있기 때문에 그렇습니다. 좋은 몸을 얻기 위해 열심히 훈련하고 또 훈련하는 겁니다. 불편을 감수하는 것이죠. 훈련의 강도가 높아질수록 실력이 좋아진다는 증거입니다.

성장의 과정은 이렇듯 불편하고 힘들고 어렵습니다. 그러나 목표하는 순간에 자신의 실력을 편안하게 발휘하기 위해 평소 불편을 감수하는 선택을 하는 것이죠.

값없는 보물은 없습니다. 우리의 변화도 마찬가지입니다. 변화가 쉽다는 거짓말은 하지 않겠습니다. 변화는 늘 불편합니다. 그러나 불편이 체화되는 순간 불편하고 힘든 상황은 점점 익숙해지고 자연스러워집니다. 그때 우리는 스스로 성장했음을 알 수 있습니다.

말하기가 불편하다고 포기하지 말고 불편함을 당연하게 여기고 꾸준히 말하기를 연습하세요. 어제보다 오늘 더 말하기가 편해지고 자연스러워질 겁니다. 동경하던 사람들의 말하기가 내 입에서 흘러나오는 순간을 곧 마주하게 될 겁니다.

자신감 있게 말하는 KEY POINT

사람 많은 데서 발표하기, 손들고 질문하기, 모르는 사람과 이야기하기, 대화를 주도적으로 이끌기, 내 기분 솔직하게 표현하기, 큰 목소리로 주문하기 등 불편함을 기꺼이 실천하세요.

습관 ④
모르면 물어보기
웃는 얼굴 효과

할 말이 없고 답하기 귀찮아서 말하기를 포기하는 사람이 있습니다. 마땅한 답이 떠오르지 않아 애초에 시도조차 하지 않는 것이죠. 대답이야 안 하면 그만이고, 모른다고 하면 그만이라고 여깁니다.

포기하면 편합니다. 골똘히 생각하지 않아도 되고, 말을 어떻게 전달할지 고민하지 않아도 됩니다. 말하기가 만들어지는 불편하고 귀찮은 모든 과정을 생략할 수 있습니다.

하지만 노력해 보지도 않고 말하기를 포기하는 것은 좋지 않습니다. 매사에 좋지 않은 습관이죠.

"진짜 모를 때는 어떻게 말해야 하나요?"

모르는 것을 모른다고 이야기하는 것은 절대 나쁜 일이 아닙니다. 모를 수 있죠. 반대로 모르는 것을 아는 척하는 것이야말로 잘못입니다. 더 큰 문제는 모르는 상태로 끝내 버리는 겁니다.

오늘부터는 모른다가 아니라 모르는 것을 알기 위해 묻거나 노력하는 습관을 들이기 위해 노력해 보길 권합니다. 이것만으로도 자신감 있게 말할 수 있습니다.

말하다가 모르는 내용이 나오면 상대에게 물어보세요. 상대의 말에 관심을 갖고 이야기를 듣는다면 궁금한 것들이 자연스럽게 생깁니다.

하지만 관심이 없다면 어렵습니다. 또 조금 알고 있는 내용일지라도 일단 이야기해 보는 것이 좋습니다. 짧은 몇 마디 말일지라도 말입니다.

습관적으로 모른다고 말하지 마세요. 어렴풋이 알고 있다거나 생각나지 않는다고 핑계 대지 마세요. 양해를 구하고 물어보세요. 시간이 허락된다면 검색해서 찾아보세요. 모른다는 이유로 말하기를 포기하는 일이 잦으면 안 됩니다.

그동안 자신감 있게 말하지 못한 이유는 포기했기 때문입니다. 이제 모르면 적극적으로 물어보세요. 지금보다 자신감 있는 말하기로 즐거운 대화를 이어 갈 수 있습니다.

자신감 있게 말하는 KEY POINT

습관적으로 모른다고 말하지 마세요. 양해를 구하고 물어보세요. 웃는 얼굴에 침 뱉는 사람 없듯 물어보는 사람에게 침묵하는 사람 없습니다.

습관 ⑤
성의 있게 답하기
최고보다 최선 작전

누구나 자주 사용하는 말 습관이 존재합니다.

그중에서도 반복적으로 사용하는 나쁜 습관이 있습니다. 더 쉽고 간편하게 덜 귀찮고 대충 말할 수 있는 방법을 찾는 것이죠.

흔히 사용되는 표현으로 '아니요', '몰라요', '그냥요', '대충이요', '대략이요', '싫어요', '보통', '원래', '거의', '약간'과 같은 부정적인 단답형 말들입니다.

이 말 습관의 문제점은 두루뭉술하고 확신이 없다는 것입니다. 정확하게 표현하기엔 애매하고 답을 이야기하자니 말이 길어져서 대충 끝내 버리는 것이죠. 듣는 상대에게도 믿음이 떨어지는 말하기입니다.

정확한 설명과 이유를 덧붙여 말하기를 이어 가는 것이 바람직합니다. 구체적인 설명이나 명확한 답이 없는 말하기에는 신뢰를 담기 어렵습니다.

따라서 모든 단답형 말하기는 부정적으로 들리기 쉽습니다. 명확하고 단호하게 말해야 할 때도 있지만 매번 짧게만 표현한다면 듣는 상대는 매정하고 성의 없다고 느끼겠죠.

그럼 어떻게 말하기를 바꿔 나가야 할까요? 정확하게 이야기해야 합니다. 대충 말하지 않고 성의 있게 말하는 것이죠.

평소 가족들이나 친구들과 나눴던 대화를 생각해 보세요. 혹시 성의 없게 단답형으로 말하지는 않았나요? 내 의견만 툭툭 전달하기만 하지는 않았나요?

성의 있게 말하려면 내 의견만 딱 잘라서 이야기하지 말고 상대방을 배려하면서 구체적으로 답해 주는 겁니다. 무슨 말을 더해야 할지 모르겠을 때는 설명해 준다고 생각하면 됩니다.

일상 속 대화로 간단한 예를 들어보겠습니다.

- "식사하셨어요?"

Before	"대충요."
After	"네, 김치찌개 먹었어요. 집 앞에 맛있게 하는 집이 있거든요."

- "운동 좋아하세요?"

Before	"그냥요."
After	"좋아해요. 학창 시절 매일 친구들과 네 시간씩 농구했어요."

어떤가요? '대충이요', '그냥요' 같은 단답보다 훨씬 성의 있고 자신감 있게 느껴지지 않나요? 이렇게 말하면 애쓰지 않아도 상대의 질문에 예의를 갖추게 됩니다.

가까운 사람에게까지 예의와 성의를 갖출 필요가 있을까 싶겠지만, 그들에게 하는 말이 변해야 모든 말하기가 변할 수 있습니다.

자신감 있고 정확한 답변은 대화를 더욱 풍성하게 만듭니다. 질문한 상대도 자신의 질문에 성의 있게 답해 준 것에 호감을 가지게 됩니다. 자신의 말하기에 깊이 공감하고 표현해 주는 것을 마다할 사람은 없으니까요.

대충 말하는 습관을 버리세요. 이제는 매 순간 성의 있게 답변하는 습관을 기르세요. 상대의 마음을 얻을 수 있을 뿐만 아니라 자신감까지 덤으로 얻을 수 있는 매우 간단한 노력입니다.

자신감 있게 말하는 KEY POINT
대충 말하지 마세요. 매순간 성의 있게 답변하는 습관을 기르세요.

습관 ⑥
현재 나의 감정 표현하기
자기 존중 효과

감정은 현재 나의 상태를 나타내는 가장 솔직한 표현입니다. 그 자체로 나인 셈이죠. 따라서 감정을 표현하며 나누는 대화는 건강한 소통을 하고 있다는 하나의 지표입니다.

하지만 자신의 감정을 숨겨야 할 때도 많습니다. 감정을 솔직하게 표현했다가 상대의 기분이 상하는 일도 있습니다. 그런 불편한 상황을 피하고자 감정을 드러내지 않다 보면 이후 마음에 병이 생깁니다. 그 이유가 자의가 아닌 타의, 환경으로 인한 것이라면 더욱더 고치기 힘들고 위험하죠. 마음의 병은 결국 표현해야만 고칠 수 있습니다.

감정을 제대로 꺼내지 못해 힘들어하던 한 학생이 찾아왔습니다. 연이 씨(가명: 김연이)는 친구들과 잘 어울리지 못하는 내성적인 성격 탓에 학창시절 학급에서 왕따를 당했다고 했습니다. 직장에서는 느린 성격과 말을 잘 못해 답답하다는 이유로 직장 선배에게 언어, 신체적 폭행을 당했습니다.

그로 인해 마음이 닫히면서 자기를 표현하는 일과 말하기 역시 놓아 버렸습니다. 이를 개선하고자 각종 심리 상담을 받으며 치료를 병행했지만 좀처럼 나아질 기미가 보이지 않았다고 합니다.

심리 상담 선생님의 추천으로 말하기 코칭을 받기 위해 저를 찾아왔습니다. 연이 씨와 마주했습니다. 그녀의 입은 굳게 닫혀 쉽게 열리지 않았습니다. 모든 이야기는 아버지를 통해 전해 들었습니다. 연이 씨에게 들을 수 있는 말은 '네', '아니요' 두 마디가 전부였습니다.

수업이 시작되었고 첫 3주는 기다림의 연속이었습니다. 질문하면 스스로 생각할 시간이 필요하다고 했습니다. 답이 바로 나오지 않는다고 답했습니다. 하지만 느려도 자신을 조금씩 꺼내려는 연이 씨의 모습을 발견했기에 나아질 거라는 희망이 보였습니다.

이후 한 달 동안 감정을 솔직하게 꺼내 보는 시간을 가졌습니다. 연이 씨는 감정을 꺼내는 수업에서 자주 눈물을 보였습니다. 같이 윽박지르고 소리를 질러 보기도 했습니다. 그동안의 억눌린 감정을 표현하는 시간이었죠. 연이 씨는 4개월간 열심히 감정을 꺼내고 자신을 표현하는데 집중했습니다. 감정을 표현하는 일이 어렵고 힘들었지만 결과적으로 그녀는 성공했습니다.

　현재 연이 씨는 새로운 직장에서 좋은 사람들과 관계를 맺으며 편안한 생활을 하고 있습니다. 저를 찾아와 밝게 인사하며 "저 새로운 직장에서 친한 동료들 많이 사귀었어요~"라고 말하던 연이 씨의 첫마디를 잊을 수 없습니다.

　시시때때로 변하는 감정들에 집중해야 합니다. 처음엔 상황이나 감정이 금방 스쳐 지나가기 때문에 기억나질 않을 겁니다. 그럴 땐 바로 메모장에 순간순간의 감정을 기록해 두세요. 그리고 하루를 정리하며 조그마한 감정들을 모아서 말로 표현해 보는 겁니다.

　같은 것을 느껴도 표현하는 사람과 표현하지 않는 사람의 말하기는 다릅니다. 더 이상 감정을 꺼내지 않고 마음을 닫은 채 자신을 마음이 아픈 환자로 만들지 마세요. 죄 없는 나의 감정을 부정하거나 외면하지 마세요. 감정을 꺼내지 않으면 곪아서 병이 납니다. 감정을 표현하는 일이 자연스러워졌다면 그 다음에는 감정을 실감나게 표현해 봅시다. 감정을 따라 말하면 이야기에 더 몰입할 수 있습니다.

　지금까지의 자신의 말하기를 돌아보세요. 이야기할 때 자연스럽게 감정을 이입했나요? 목소리도 표정도 변화 없이 무미건조하게 말을 시작하지 않았나요? 듣는 사람의 입장에선 얼마나 딱딱했을지 상상이 될 겁니다.

　말을 잘하는 사람은 공감을 이끌어 낼 수 있습니다. 기쁜 이야기를 할 땐 기쁜 마음으로, 감동적인 이야기를 할 땐 감동에 벅찬 마음으로 이야기할 수 있어야 합니다. 말하는 사람의 감정이 상대에게 100퍼센트 전달되도록 말입니다. 감정을 자신감 있게 말하는 일이 처음이라 어렵다면 조금씩 천천히 꺼내도 좋습니다. 온전히 내 감정에만 집중하세요.

자신감 있게 말하는 KEY POINT

감정에 충실한 상태로 말해 보세요. 기쁜 이야기를 할 땐 기쁜 마음으로, 감동적인 이야기를 할 땐 감동에 벅찬 마음으로 이야기하세요.

습관 ⑦
있는 그대로의 나를 인정하기

러브 마이셀프 효과

"친한 친구들을 만나면 말도 잘하고 활발한데 낯선 사람을 만나면 말도 잘 안 나오고 입이 굳어 버려요."

사람에겐 다양한 면이 존재하고 어떤 사람과 환경을 만나느냐에 따라 그 모습이 다르게 표출됩니다. 있는 그대로의 자신을 인정하세요. 하나의 모습에만 얽매여 입을 닫지 말고, 이럴 때는 이렇게 저럴 때는 저렇게 말하세요.

감정과 생각을 표출하지 않으면 속에서 곪아 마음의 병이 됩니다. 가끔은 엉뚱하고 유머러스하게, 또 어떨 때는 진지하고 조용하게 나의 다양한 모습을 보여 주세요.

티브이 프로그램 〈놀면 뭐하니〉에서 유재석 씨를 보면 팔색조 매력이 느껴지죠. 유느님, 유고스타, 유산슬, 유르페우스, 유두래곤, 지미유, 카놀라유, 유야호까지 다양한 캐릭터로 시청자들에게 다양한 볼거리와 큰 웃음을 줍니다. 그럼에도 우리가 느끼는 유재석이라는 사람이 가진 성격과 태도에는 변함이 없죠.

있는 그대로의 나로 말하라는 핵심은 바로 여기에 있습니다. 내 속에 아무리 다양한 모습이 존재할지라도 나란 존재는 변하지 않습니다.

내 안의 다양한 나를 있는 그대로 표현하세요. 내가 원하는 모습이 나에게 존재하지 않는 게 아니라 들춰 보지 않아 없는 것일지도 모릅니다. 모두에게 애써 통일된 모습만 보이려고 노력하지 않아도 됩니다. 내 안의 나를 자유롭게 이야기해 보세요.

자신감 있게 말하는 KEY POINT

있는 그대로 말하세요. 내 안의 다양한 나를 있는 그대로 표현하세요. 애써 통일된 모습만 보이려고 노력하지 않아도 됩니다.

자신감 있게 말하는 법
7

◆ 큰 목소리로 잘 들리게 말하라.

◆ 일단 마음 가는 대로 말하라. 남들의 의견을 따라 말하지 말고 자신의 의사를 확실히 표현하라. 거절은 확실하게 부탁은 자신감 있게 하라.

◆ 불편함을 당연하게 여기고 꾸준히 말하기를 연습하라.

◆ 모르면 물어봐라. 상대에게 양해를 구하고 물어라.

◆ 대충 말하고 끝내 버리지 말고 부족하더라도 최선을 다해 말하라.

◆ 말할 때 감정을 표현하는 것을 두려워하지 마라. 기쁜 이야기는 기쁘게, 슬픈 이야기는 슬프게, 어이없는 이야기는 어이없게 말하라.

◆ 꾸밈 없이 말하라. 있는 그대로의 나를 표현하라. 애써 통일된 모습만 보이려고 노력하지 않아도 괜찮다. 내 안의 나를 자유롭게 꺼내라.

우물쭈물하지 않고
자신감 있게 말하는 법

ⓒ 말버스(임대혁) 2021

1판 1쇄 2021년 7월 6일
1판 3쇄 2023년 1월 17일

지은이 말버스(임대혁)
펴낸이 유경민 노종한
기획편집 유노책주 김세민 이지윤 **유노북스** 이현정 함초원 조혜진 **유노라이프** 박지혜 구혜진
기획마케팅 1팀 우현권 이상운 **2팀** 정세림 유현재 정혜윤 김승혜
디자인 남다희 홍진기
기획관리 차은영
펴낸곳 유노콘텐츠그룹 주식회사
법인등록번호 110111-8138128
주소 서울시 마포구 월드컵로20길 5, 4층
전화 02-323-7763 **팩스** 02-323-7764 **이메일** info@uknowbooks.com

ISBN 979-11-90826-63-1 (03190)